Fenomen poranka na dobre zmienił moje życie. Wreszcie zacząłem rozwijać swój potencjał i wszedłem na ścieżkę świadomości, na której odsłaniają się przede mną nowe możliwości.

Nick Conedera, reżyser filmu Sharp: The World's Finest Movie

Fenomen poranka to najbardziej rewolucyjna książka od czasu *4-godzinnego tygodnia pracy*. Hal żyje i oddycha tym, czego uczy. Ta książka pokaże ci, jak przenieść swoje życie i pracę na wyższy poziom.

Brad Weimert, prezes Easy Pay Direct, EasyPayDirect.com

Jeżeli jesteś gotów, wyzwolić się z przeciętności i rozwinąć swój pełny potencjał, przeczytaj tę książkę – to podstawa. *Fenomen poranka* to twój klucz do własnej mocy. Dzięki niemu wyzwolisz w sobie zdolności, które pozwalają zwykłym ludziom stać się kimś nadzwyczajnym.

Gail Lynne Goodwin, założycielka InspireMeToday.com

Fenomen poranka to książka, która zmienia WSZYSTKO. Polecam ją swoim trenerom w Game Changers i gwarantuję, że stanie się prawdziwym przełomem.

Peter Voogd, autor bestsellera 6 Months to 6 Figures

Prawdziwe historie

To mój siedemdziesiąty dziewiąty dzień praktykowania *Miracle Morning*. Od tamtej pory nie opuściłam ani jednego dnia. Szczerze mówiąc, to PIERWSZY raz, kiedy udało mi się wytrwać tak długo. Jak dotąd kończyło się na kilku dniach lub tygodniach. Teraz nie mogę się doczekać, kiedy wreszcie rozpocznę nowy dzień. To niesłychane. *Miracle Morning* kompletnie zmienił moje życie.

Melanie Deppen, przedsiębiorca, Selisgrove, Pensylwania

Dziś jest mój sześćdziesiąty dzień. Moje osiągnięcia do tej pory to:

- Schudłam 9 kilogramów.
- Rzuciłam palenie.
- W ciągu dnia mam o wiele więcej energii.
- Jestem szczęśliwa ☺
- *Miracle Morning* popycha mnie naprzód, abym stawała się lepszą wersją siebie.

Dawn Pogue, przedstawicielka handlowa, Lakefield, Kanada

Kilka miesięcy temu postanowiłem spróbować *Miracle Morning*. Moje życie zmienia się w takim tempie, że ledwo nadążam! Stałem się lepszą osobą i to jest zaraźliwe. W pracy walczyłem o przeżycie, ale odkąd zacząłem praktykować *Miracle Morning*, jestem zdumiony, bo udało mi się wszystko odwrócić o 180 stopni. A przecież tylko codziennie pracuję nad sobą, nic więcej.

Rob Leroy, starszy księgowy, Sacramento, Kalifornia

W grudniu 2009 roku jako studentka Uniwersytetu Kalifornijskiego w Davis zaczęłam praktykować *Miracle Morning*. Niemal natychmiast zauważyłam zmiany. Wcale nie oczekiwałam, że tak szybko osiągnę cele, do których tak długo i bezskutecznie zmierzałam. Schudłam, zakochałam się, na studiach uzyskiwałam o wiele lepsze oceny, gotówka płynęła strumieniami – i to wszystko w ciągu zaledwie dwóch miesięcy! Dzisiaj, po latach, *Miracle Morning* wciąż stanowi integralną część mojego życia.

Natanya Green, instruktorka jogi, Sacramento, Kalifornia

Praktykuję *Miracle Morning* i nie tylko fantastycznie się czuję, ale straciłem również 11 kilogramów. Nigdy nie byłem zdrowszy, szczęśliwszy i bardziej efektywny w swoich działaniach. Robię w ciągu dnia więcej rzeczy, niż wcześniej sądziłem, że można. O, a czy już wspomniałem, że schudłem 11 kilogramów?

William Hougen, menedżer regionalny ds. sprzedaży, Gresham, Oregon

Praktykuję *Miracle Morning* od 10 miesięcy. Przez ten czas moje dochody się podwoiły i nigdy nie byłem w tak dobrej formie. Moje stosunki z rodziną i przyjaciółmi są lepsze niż kiedykolwiek wcześniej. Podpisuję się pod tym obiema rękami.

Mike McDermott, regionalny dyrektor sprzedaży, Davis, Kalifornia

Gdy po raz pierwszy usłyszałem o *Miracle Morning*, pomyślałem sobie , że może w tym szaleństwie jest metoda. Na studiach wybrałem 19 różnych zajęć i fakultetów, więc non stop się uczę i nie mam ani chwili, żeby pracować nad realizacją dodatkowych celów. Przed *Miracle Morning* wstawałem codziennie między godziną 7 a 8 rano, żeby zdążyć na uczelnię. Teraz wstaję zawsze o 5. Czuję, że dzięki codziennej praktyce coraz bardziej się rozwijam. KOCHAM *Miracle Morning*.

Michael Reeves, student, Walnut Creek, Kalifornia

Raz na jakiś czas wpada ci w ręce książka, dzięki której zaczynasz inaczej patrzeć na świat, ale trudno trafić na taką, która zmienia sposób życia. *Fenomenowi poranka* się to udaje i to szybciej, niż można by się tego spodziewać.

Tim Sanders, były dyrektor do spraw rozwiązań w Yahoo!,
autor bestsellera „New York Timesa" The Likeability Factor

Zawsze byłem sową, więc pomysł zrywania się o świcie nigdy do mnie nie przemawiał. Właściwie w ogóle nie brałem go pod uwagę. W moim planie dnia wszystko toczyło się gładko, a po co naprawiać coś, co tego nie wymaga? Jednak od wielu osób wciąż słyszałem o cudownych właściwościach porannego wstawania i jego dobroczynnym wpływie na nastrój, osiągnięcia i w ogóle na wszystko. Postanowiłem spróbować. Praktykuję od trzech tygodni i już widzę ogromne zmiany w swoim nastawieniu, samopoczuciu i tym, ile jestem w stanie zrobić.

Pat Flynn, autor Let's Go *i popularnego*
bloga Smart Passive Income

Nigdy bym nie pomyślał, że powiem to o „porannej książce", ale ona naprawdę ZMIENIŁA MOJE ŻYCIE. Tak, dobrze widzicie. Przez lata wbijałem sobie do głowy, że nie jestem rannym ptaszkiem, i poniekąd to prawda. Chciałem zostać przedsiębiorcą, żeby móc dłużej pospać. Precz z budzikami. Koniec ze wstawaniem po ciemku. Chciałem się wysypiać. Gdy zacząłem czytać tę książkę, byłem ciekaw, czy uda się jej złamać to przekonanie i wybić mnie z rutyny. Owszem. Zacząłem wstawać o... czwartej i chodzić na siłownię. Tak, O CZWARTEJ RANO. Skutek: efektywnie wykorzystuję czas w ciągu dnia, a moja kondycja jest coraz lepsza. W życiu bym nie wpadł na to, że dołączę do grona świrów, którzy zrywają się przed świtem. Teraz jestem jednym z nich. Wstaję o tej porze pięć razy w tygodniu, przeważnie bez budzika.

MJ DeMarco, były prezes Limos.com
i autor bestsellera Fastlane milionera

Przeczytać *Fenomen poranka* to jak dać sobie prezent i budzić się co rano do pełni życia. Przestań odkładać na później to, czego w życiu chcesz i na co zasługujesz. Przeczytaj tę książkę i dowiedz się, jak to zrobić.

dr Ivan Misner, założyciel i prezes BNI®

Hal Elrod jest kimś więcej niż tylko inspiracją. Niesamowitą historię swojego życia przekuł w lekcję, którą każdy z nas może wykorzystać do realizacji własnych marzeń.

Jeffrey Gitomer, autor bestsellera „New York Timesa" Biblia handlowca

Fenomen poranka może przynieść szybkie i głębokie zmiany w wielu, a może nawet we wszystkich, sferach twojego życia. Jeżeli chcesz je poprawić TERAZ, niezwłocznie przeczytaj tę książkę.

Rudy Ruettiger, słynny futbolista Notre Dame,
którego życie stało się kanwą filmu Rudy

Jako mówca, pisarz i konsultant marketingowy widzę, co jest największą przeszkodą w osiągnięciu sukcesu. Ludzie doskonale wiedzą, co mają zrobić, ale brakuje im czasu i motywacji. Hal Elrod rozwiązał ten problem. Dzięki *Fenomenowi poranka* zapracujesz na swój sukces i nie ma znaczenia to, jak bardzo jesteś zajęty. Gorąco polecam.

James Malinchak, uczestnik reality show
Secret Millionaire *w ABC, współautor* serii Balsam dla duszy
i założyciel www.MillionaireSpeakerSecrets.com

Z początku pomyślałem, że Hal zwariował – po jakie licho ktoś miałby wstawać tak wcześnie, w dodatku regularnie?! Byłem sceptyczny – dopóki nie spróbowałem. Kiedy w praktyce zastosowałem koncepcje Hala, natychmiast dostrzegłem różnicę. *Fenomen poranka* pokaże ci, jak przejąć kontrolę nad własnym życiem bez względu na przeszłość. Bardzo polecam.

Josh Shipp, prezenter telewizyjny, pisarz i specjalista do spraw młodzieży

Pierwsza książka Hala *Taking Life Head On* całkowicie zmieniła mój sposób życia, więc cierpliwie czekałam na następną. Było warto! Hal daje nam gotową strategię, dzięki której możemy stać się autorami własnego sukcesu, szczęścia i powodzenia. Ten sposób jest tak prosty, że każdy może z niego skorzystać i odwrócić własne życie o 180 stopni – bez względu na okoliczności.

Debra Poneman, współautorka serii Balsam dla duszy
i założycielka Yes to Success, Inc.

Naprawdę nie wiem, co mógłbym powiedzieć poza tym, że odkąd praktykuję *Miracle Morning*, wykorzystuję swój czas sto razy lepiej.

Josh Thielbar, konsultant biznesowy, Boise, Idaho

To mój osiemdziesiąty trzeci dzień z *Miracle Morning* i żałuję, że nie wiedziałem o tym wcześniej. To zadziwiające, ale teraz przez cały dzień zachowuję przytomność umysłu. Mogę się skupić na pracy, jestem pełen energii i w ogóle do wszystkiego podchodzę z entuzjazmem. Dzięki *Miracle Morning* moje życie jest bogatsze i bardziej produktywne, zarówno w sferze osobistej, jak i zawodowej.

Ray Ciafardini, menedżer regionalny, Baltimore, Maryland

Po zaledwie trzech tygodniach praktykowania *Miracle Morning* odstawiłam preparaty witaminowe i suplementy diety, które brałam przez trzy lata! *Miracle Morning* na wiele sposobów zmienił moje życie, więc na pewno zmieni i twoje.

Sarah Geyer, studentka, Minneapolis, Minnesota

Dzięki *Miracle Morning* rozpocząłem całkiem nowy rozdział w swoim życiu. Ty też tak możesz. Dziękuję ci, Hal!

Andrew Barksdale, przedsiębiorca, Vienna, Wirginia

Miracle Morning sprawia, że każdy dzień jest dla ciebie jak święta Bożego Narodzenia. Dosłownie. Teraz praktykuję nawet w weekendy.

Joseph Diosana, agent nieruchomości, Houston, Teksas

FENOMEN PORANKA

HAL ELROD

FENOMEN PORANKA

JAK ZMIENIĆ SWOJE ŻYCIE

Przekład: Beata Otocka

GALAKTYKA

Tytuł wydania oryginalnego:
The Miracle Morning
The not-so-obvious secret guaranteed to transform your life before 8 am

Strona internetowa autora: www.TMMbook.com, halelrod.com

ISBN wydania oryginalnego: 978-0-9790197-1-5

90-644 Łódź, ul. Żeligowskiego 35/37
tel. +42 639 50 18, 639 50 19, tel./fax 639 50 17
e-mail: info@galaktyka.com.pl; sekretariat@galaktyka.com.pl
www.galaktyka.com.pl
ISBN: 978-83-7579-514-1
Wydanie I, dodruk VI 2021

Redakcja: Marta Sobczak
Korekta: Monika Ulatowska
Redakcja techniczna: Marta Sobczak
Redaktor prowadzący: Marek Janiak

Ilustracja na okładce: Designed by Freepik
Projekt okładki: Artur Nowakowski
Skład: Garamond

Druk: OZGraf S.A.

Książkę tę dedykuję najważniejszym
osobom w moim życiu – członkom mojej rodziny.
Mamie, Tacie, Hayley, mojej żonie Ursuli
i naszym dzieciom, Sophie i Halstenowi.
Kocham Was bardziej, niż potrafię to wyrazić.

Pamięci mojej kochanej siostry,
Amery Kristine Elrod.

Misja *Miracle Morning*

Poranek za porankiem zmieniamy milion istnień

Oprócz przekazywania organizacjom non profit, np. Front Row Foundation, pewnego procentu z tantiem od każdego sprzedanego egzemplarza, co roku ofiarowujemy tysiące egzemplarzy książki organizacjom i osobom prywatnym, które poszukują inspiracji. Naszą misją jest, aby *Fenomen poranka* trafił w ręce ponad miliona ludzi, w ten sposób naprawdę możemy poranek za porankiem zmienić milion istnień. Dziękujemy za Waszą pomoc! ☺

Spis treści

Do czytelnika

Bez względu na to, na jakim etapie życia się znajdujesz – na szczycie, spijając śmietankę, czy walczysz z przeciwnościami losu – mamy przynajmniej jedną cechę wspólną (prawdopodobnie więcej niż jedną, ale co do tej konkretnej mam pewność): chcemy poprawić swoje życie i siebie. Nie chciałbym sugerować, że coś jest z twoim życiem lub z tobą nie tak, ale jesteśmy ludźmi i przyszliśmy na świat z wrodzoną skłonnością i pragnieniem, aby się ciągle rozwijać i doskonalić. Wierzę, że wszyscy nosimy w sobie taką potrzebę. Jednak większość z nas budzi się co rano, a życie w zasadzie pozostaje takie samo.

W swojej pracy pisarza, mówcy i coacha rozwoju osobistego oraz biznesowego staram się pomóc ludziom, aby szybko i skutecznie udało się im przeskoczyć w najróżniejszych sferach życia na wyższy poziom. Jako osoba całym sercem oddana sprawie rozwoju osobistego i realizowania własnego potencjału, mogę z pełnym przekonaniem stwierdzić, że *Miracle Morning* to najbardziej praktyczna, ukierunkowana na wynik i stąd najbardziej efektywna metoda, z jaką się spotkałem. Jej celem jest udoskonalenie jakiegoś, a może nawet każdego, obszaru twojego życia. W dodatku jest to metoda najszybsza, szybsza, niż ci się wydaje.

Dla ludzi sukcesu *Miracle Morning* może się stać metodą przełomową, która pozwoli im osiągnąć ten nieuchwytny wyższy pułap i zajść dalej niż w przeszłości. Chociaż może to być kwestia wzrostu dochodów, rozwoju firmy czy wyższej sprzedaży, to przede wszystkim chodzi o poczucie równowagi i satysfakcję z tych sfer życia, które dotąd pozostawały zaniedbane. Może to dotyczyć znacznej poprawy zdrowia, zadowolenia z życia i związków z ludźmi, bogatszego życia duchowego czy z innych obszarów, które znajdują się na szczycie twojej listy.

Dla tych, którzy czują się nieszczęśliwi i cierpią z różnych powodów – psychicznych, emocjonalnych, zdrowotnych, finansowych lub jeszcze innych – *Miracle Morning* nie raz okazał się sprawdzoną metodą, dzięki której byli w stanie przezwyciężyć trudności pozornie nie do pokonania, dokonać znaczącego przełomu w swoim życiu i odwrócić je o 180 stopni, często w bardzo krótkim czasie.

Czy zależy ci jedynie na poprawieniu wybranych obszarów swojego życia, czy jesteś gotów na totalną odnowę, która wywróci wszystko do góry nogami, by twoja aktualna sytuacja stała się tylko wspomnieniem – trafiłeś na właściwą książkę. Za chwilę wyruszysz w cudowną podróż. Gwarantuję, że dzięki zastosowaniu prostej, ale rewolucyjnej metody zmienisz dowolną sferę swojego życia... i to przed godziną 8 rano.

Wiem, że bardzo wiele obiecuję. Ale *Miracle Morning* przyniósł już wymierne korzyści dosłownie dziesiątkom tysięcy ludzi na całym świecie (w tym także i mnie), a więc dla ciebie również może się okazać przełomem – pożywką, dzięki której dotrzesz tam, gdzie chcesz. To dla mnie wielki zaszczyt, że teraz mogę razem z tobą wejść na tę ścieżkę. Zapewniam cię, że dołożyłem wszelkich starań, aby ta książka przykuła twoją uwagę, a czas i energia, które poświęcisz mojej metodzie, będą doświadczeniem zmieniającym życie. Dziękuję ci, że pozwalasz mi stać się częścią twojego życia. Nasza wspólna cudowna podróż właśnie się zaczyna.

Z miłością i wdzięcznością,
Hal

Specjalne zaproszenie

Społeczność *Miracle Morning*

Fani i czytelnicy *Fenomenu poranka* tworzą niezwykłą wspólnotę podobnie myślących osób, które budzą się co rano w określonym celu, aby z oddaniem realizować ogromny potencjał, jaki tkwi w każdym z nas. Jako autor tej książki poczułem się odpowiedzialny za stworzenie takiego miejsca w internecie, gdzie ludzie będą mogli się spotkać, podzielić własnymi doświadczeniami, służyć dla siebie wsparciem i otrzymać zachętę, dyskutować o książce, zamieścić filmik, znaleźć partnera, który będzie współodpowiedzialny za ich postępy, a nawet wymienić się przepisami na smoothie czy fajnymi ćwiczeniami.

Szczerze mówiąc, nie spodziewałem się, że społeczność *Miracle Morning* stanie się jedną z najbardziej pomocnych, wspierających, inspirujących i odpowiedzialnych wspólnot internetowych, jakie znam, ale tak właśnie jest. Naprawdę jestem pod wrażeniem poziomu, jaki reprezentują członkowie naszego ruchu.

Wejdź na stronę www.MyTMMcommunity.com i dołącz do społeczności *Miracle Morning* na Facebooku. Tutaj będziesz mógł nawiązać kontakt z ludźmi o podobnych upodobaniach, którzy już praktykują tę metodę. Niektórzy robią to od lat, a więc możesz liczyć na dodatkowe wsparcie i przyśpieszyć swój sukces.

Sam regularnie zaglądam na stronę i pełnię rolę moderatora. Tam się spotkamy!

Jeśli chcesz nawiązać ze mną bezpośredni kontakt poprzez media społecznościowe, śledź mnie na Twitterze – @HalElrod, lub na Facebooku – www.Facebook.co/YoPalHal. Piszcie do mnie, komentujcie, zadawajcie pytania. Postaram się na każde odpowiedzieć, więc do zobaczenia!

Są tylko dwa sposoby przejścia przez życie.
Jeden – jakby nic nie było cudem, i drugi –
jakby wszystko było cudem.

ALBERT EINSTEIN

Cud nie dzieje się w sprzeczności z naturą,
lecz w sprzeczności z tym, co nam o naturze wiadomo.

ŚWIĘTY AUGUSTYN

Życie zaczyna się co rano.

JOEL OLSTEEN

WSTĘP

Moja historia i dlaczego twoja ma znaczenie

Trzeciego grudnia 1999 roku byłem szczęśliwym człowiekiem. Mało tego – byłem człowiekiem spełnionym. Miałem 20 lat, a za sobą pierwszy rok college'u. Pracowałem jako przedstawiciel handlowy dla wartej 200 milionów dolarów firmy marketingowej i przez ostatnie 18 miesięcy stałem się jej topowym pracownikiem, biłem rekordy sprzedaży i zarabiałem więcej pieniędzy, niż mogłem się spodziewać w takim wieku. Byłem zakochany, miałem wspaniałą rodzinę i przyjaciół, o jakich tylko można marzyć. Los mi sprzyjał.

Można było powiedzieć, że świat należał do mnie. Skąd mogłem wiedzieć, że kolejnej nocy wszystko się skończy?

Godzina 23.32. Jechałem na południe autostradą 99 z prędkością 112 km/godz.

Pożegnaliśmy się z przyjaciółmi i wyszliśmy z restauracji. Byliśmy tylko we dwoje. Moja dziewczyna, zmęczona od nadmiaru wrażeń, przysypiała na fotelu pasażera. Ja wręcz przeciwnie – czujny i skoncentrowany – wpatrzony w drogę, wymachiwałem palcem w powietrzu do melodii Czajkowskiego niby dyrygent swoją batutą.

Po tym, co się wydarzyło tego wieczoru, byłem w euforii i wcale nie chciało mi się spać. Mknąłem ponad setką swoim nowiutkim fordem mustangiem, a dwie godziny wcześniej dałem najlepszy popis krasomówczy w swoim życiu. Otrzymałem owację na stojąco i czułem się upojony. Szczerze mówiąc, miałem ochotę wykrzyczeć światu swoją radość i wdzięczność, ale moja dziewczyna drzemała, więc siedziałem cicho. Zastanawiałem się, czy nie zadzwonić do rodziców, ale było zbyt późno i mogli już spać. Powinienem zadzwonić. Ale skąd mogłem wiedzieć, że następna szansa, by porozmawiać z nimi, i w ogóle z kimkolwiek, nieprędko się pojawi?

Nie do pomyślenia

Nie, nie pamiętam świateł tego ogromnego chevroleta trucka, który jechał wprost na mnie. Ale na pewno tam były. W mgnieniu oka wielka maszyna, rozpędzona do 130 km/godz., jak nieuchronne fatum zderzyła się z moim nieporównanie mniejszym fordem. Następne sekundy naszego upiornego tańca rozegrały się jak w zwolnionym tempie... do muzyki Czajkowskiego.

Zderzenie. Zgrzyt i szczęk metalu, trzask pękających karoserii. Poduszki powietrzne w mustangu eksplodowały i straciłem przytomność. Mózg, wciąż przemieszczający się z prędkością 112 km/godz., uderzył w przednią ścianę czaszki, gdzie zmiażdżeniu uległa spora część żywej tkanki płata czołowego.

Siła uderzenia zepchnęła tył mustanga na prawy pas, wystawiając drzwi od mojej strony na łatwy cel dla auta, które znalazło się za mną. Za kierownicą saturna sedana siedział szesnastolatek, ale nikt nie miałby szans, żeby zahamować przy prędkości ponad 100 km/godz. Drzwi wbiły się z impetem w lewą stronę mojego ciała. Metalowy dach zwalił mi się na głowę, prawie pozbawiając mnie lewego ucha. Pękła mi czaszka. Kości lewego oczodołu uległy zmiażdżeniu, pozostawiając gałkę oczną bez podpory. Miałem złamaną lewą rękę, przecięty nerw promieniowy i strzaskany łokieć, a złamana kość ramienna przebiła mięsień i skórę.

Mojej miednicy przypadła odpowiedzialna misja ochronienia deski rozdzielczej mustanga przed maską saturna... ale nie sprostała temu zadaniu. Pękła w trzech miejscach. Wreszcie kość udowa – największa kość w ludzkim ciele – złamała się na pół, a jeden z końców przebił skórę i zrobił dziurę w moich czarnych spodniach.

Wszędzie było pełno krwi. Ciało miałem w strzępach, a mózg doznał trwałego uszczerbku.

Moje ciało nie zniosłoby takiego bólu, więc się wyłączyło. Ciśnienie krwi spadło, pochłonęła mnie czerń i straciłem przytomność.

Żyjesz tylko... dwa razy?

To, co stało się potem, wydaje się dość niewiarygodne, choć niektórzy nazywają to cudem.

Na miejscu wypadku zjawili się ratownicy, a strażacy rozcięli wrak nożycami i wyciągnęli moje zmasakrowane ciało. Wykrwawiałem się. W końcu serce stanęło i przestałem oddychać.

Klinicznie rzecz biorąc, umarłem.

Ratownicy niezwłocznie zapakowali mnie do helikoptera i z determinacją zaczęli walczyć o moje życie. Po sześciu minutach się udało. Serce podjęło pracę i podano mi tlen. Żyłem.

Spędziłem sześć dni w śpiączce farmakologicznej. Po wybudzeniu usłyszałem, że być może nigdy nie będę chodził. W szpitalu spędziłem siedem trudnych tygodni. Rehabilitowano mnie intensywnie i powoli dochodziłem do siebie. Po tym okresie zajęli się mną rodzice. Wiedziałem, że moje życie już nigdy nie będzie takie jak kiedyś. Miałem jedenaście złamań, trwałe uszkodzenie mózgu, a dziewczyna zerwała ze mną jeszcze w szpitalu. Możesz mi nie wierzyć, ale to wszystko miało mi wyjść na dobre.

Choć przystosowywanie się do nowej rzeczywistości nie było łatwe i nie raz zadawałem sobie pytanie, dlaczego właśnie mnie to spotkało, musiałem wziąć odpowiedzialność za swój powrót do życia. Zamiast lamentować nad tym, jak powinno być, przyjąłem wszystko bez szemrania. Przestałem tracić energię na myślenie życzeniowe, wyobrażanie sobie, że wszystko mogłoby wyglądać inaczej i zastanawianie się, co-by-było-gdyby całe to zło mnie nie spotkało. Zamiast tego skoncentrowałem się w stu procentach na tym, by wyciągnąć, ile się da z tego, co mam. Skoro nie mogłem zmienić przeszłości, postanowiłem przeć naprzód. Poświęciłem się w pełni rozwijaniu własnego potencjału i realizacji celów, jakie sobie stawiałem, dzięki czemu mogłem odkryć, jak pomóc innym w dokonaniu tego samego.

Rezultat okazał się zaskakujący. Ponieważ postanowiłem być szczerze wdzięczny za to, co mam, bezwarunkowo zaakceptować to, czego nie mam, i przyjąć absolutną odpowiedzialność za tworzenie wszystkiego, czego pragnę, cały ten straszliwy wypadek ostatecznie stał się jedną z najlepszych rzeczy, jakie mnie w życiu spotkały. Zakładając, że nic nie dzieje się bez powodu – ale to od nas zależy, czy znajdziemy najbardziej przekonujące wyjaśnienia dla różnych wyzwań, które stawia przed nami życie – wykorzystałem swój wypadek jako paliwo do triumfalnego powrotu.

2000 rok powitałem na szpitalnym łóżku – połamany, ale nie złamany. Skończył się natomiast całkiem inaczej. Chociaż nie miałem samochodu, że o pamięci krótkotrwałej nie wspomnę, i mógłbym siedzieć w domu, użalając się nad sobą, a świat nie miałby mi tego za złe – wróciłem do Cutco na stanowisko przedstawiciela, które zajmowałem przed wypadkiem. To był najlepszy rok w mojej karierze – zająłem szóste miejsce w firmie (na 60 000 czynnych przedstawicieli). A wszystko to, gdy wciąż dochodziłem do siebie – fizycznie, psychicznie, emocjonalnie i finansowo.

2001 rok. Skoro dostałem bezcenną lekcję od losu, nadszedł czas, aby przekuć swoje nieszczęście w inspirację i dobry przykład dla innych. Rozpocząłem serię spotkań w liceach i college'ach, gdzie dzieliłem się ze słuchaczami swoją historią. Odzew był nadzwyczaj pozytywny, więc postanowiłem dotrzeć z moim przesłaniem do innych młodych ludzi.

2002 rok. Mój przyjaciel, Jon Berghoff, namówił mnie do napisania książki o wypadku, abym w ten sposób mógł dotrzeć do szerszej grupy. Zabrałem się do pisania, ale przestałem jeszcze szybciej, niż zacząłem. Żaden ze mnie pisarz. Już eseje w szkole średniej były dla mnie utrapieniem, a co dopiero mówić o książce. Po wielu próbach, które zawsze kończyły się tak samo – sfrustrowany gapiłem się w monitor komputera – wyglądało na to, że szanse na powstanie książki są bliskie zeru. Jednak w Cutco, drugi rok z rzędu, znalazłem się w pierwszej dziesiątce.

2004 rok. Postanowiłem się sprawdzić w zarządzaniu i przyjąłem zaproponowane stanowisko dyrektora sprzedaży Cutco dla oddziału w Sacramento. Nasza ekipa zajęła pierwsze miejsce, bijąc na głowę wszelkie rekordy sprzedaży w historii firmy. Tej samej jesieni odniosłem też swój prywatny sukces sprzedażowy i trafiłem do galerii sław firmy. Czułem, że w Cutco osiągnąłem wszystko, na czym mi zależało. Pomyślałem więc, że nadszedł czas, aby zrealizować swoje marzenie: chciałem zostać mówcą motywacyjnym. Może nawet napisałbym tę książkę, która przez ostanie lata tłukła mi się po głowie. Poza tym poznałem Ursulę. Wkrótce staliśmy się nierozłączni i miałem silne przeczucie, że to ta jedyna.

Luty 2005 roku. Siedziałem w audytorium na swojej ostatniej (jak sobie postanowiłem) dorocznej imprezie w Cutco, gdy nagle przyszło mi do głowy, że nigdy nie dałem z siebie wszystkiego. Oj, niedobrze. Jasne, zdobyłem parę nagród, pobiłem kilka rekordów sprzedaży, jednak obserwując ze swojego miejsca, jak dwaj topowi pracownicy odbierają najwyższe doroczne nagrody – upragnione roleksy – doszedłem do wniosku, że nigdy w pełni nie poświęciłem się swojej pracy, a przynajmniej nie przez cały rok. Nie mógłbym z tym żyć, gdybym odszedł z firmy, nie realizując w pełni swojego potencjału. Musiałem jej od siebie dać jeszcze jeden rok, tym razem na sto procent.

2005 rok. Pomimo spóźnionego startu postawiłem sobie ambitny cel: podwoić swoje wyniki z najlepszego roku. Byłem trochę przerażony, ale oddany sprawie. Uznałem też, że mam pewne zobowiązanie, chciałem przecież napisać książkę i podzielić się z ludźmi swoją historią. Przez 365 dni sprzedawałem i pisałem. Pracowałem uczciwie, narzucając sobie żelazną dyscyplinę, której nie udało mi się utrzymać w ciągu wcześniejszych 25 lat swojego życia. Napędzała mnie pasja i chęć zrobienia czegoś, czemu do tej pory nie sprostałem. Chciałem zdobyć się na odwagę i wyjść z nieznośnie wygodnego królestwa przeciętności, w którym tkwiłem przez całe życie, i stać się kimś wyjątkowym. Do końca roku osiągnąłem oba cele: podwoiłem swoje najlepsze wyniki sprzedaży (nawet więcej niż podwoiłem) i ukończyłem swoją pierwszą książkę. Mówię serio: jeśli się szczerze zaangażujesz, wszystko jest możliwe.

Wiosna 2006 roku. Moja pierwsza książka *Taking Life Head On: How to Love the Life You Have While You Create the Life of Your Dreams* (Żyj z determinacją: Jak kochać życie, jakie masz, zanim zaprojektujesz życie swoich marzeń) zajęła siódme miejsce na liście bestsellerów Amazona. Potem stało się coś nieprawdopodobnego. Mój wydawca wyjechał z kraju, zabierając ze sobą wszystkie tantiemy ze sprzedaży mojej świetnej książki i słuch po nim zaginął. Moi rodzice się załamali, ale ja nie. Wypadek nauczył mnie jednego: nie ma sensu się zamartwiać ani rozwodzić nad przykrymi aspektami naszego życia, na które nie mamy wpływu i których nie możemy zmienić. Więc się nie martwiłem. Przekonałem się też, że skupiając się na wiedzy płynącej z naszych doświadczeń życiowych i wykorzystaniu jej dla dobra innych, jesteśmy w stanie wyciągnąć korzyści z każdej trudnej sytuacji. I właśnie to postanowiłem zrobić.

2006 rok. Przez zupełny przypadek zostałem coachem, nie mając bladego pojęcia, na czym właściwie cała ta profesja polega. Pewien doradca finansowy po czterdziestce poprosił mnie, bym został jego osobistym i zawodowym doradcą. Zgodziłem się i strasznie mi się to spodobało. Mój pierwszy klient dostrzegł pozytywne zmiany w swoim życiu i pracy zawodowej, a ja aż rwałem się do pomocy. I chociaż miałem dopiero 26 lat i prawdopodobieństwo osiągnięcia sukcesu w profesjonalnym coachingu było w moim przypadku bardzo niewielkie, żeby nie powiedzieć żadne, wszedłem w to, ponieważ było mi po drodze. Moja firma coachingowa nabrała wiatru w żagle, a ja zacząłem szkolić setki przedsiębiorców, sprzedawców i właścicieli firm.

Wkrótce potem wygłosiłem pierwszą mowę, za którą otrzymałem wynagrodzenie. Wystąpiłem jako główny mówca na krajowej konferencji Boys & Girls Clubs of America. Choć przemawiałem od 1998 roku, moją publiczność stanowili przeważnie sprzedawcy, dyrektorzy i kierownicy. Teraz zdecydowałem, że z moim (cokolwiek) młodzieńczym wyglądem, sterczącymi włosami i ksywą „Yo Pal Hal", mogę wreszcie wyjść do młodych ludzi. Zacząłem przemawiać i dzielić się swoją opowieścią w lokalnych liceach i college'ach.

2007 rok. Moje życie się posypało. Gospodarka Stanów Zjednoczonych przeżyła krach. Z dnia na dzień moje dochody skurczyły się o połowę. Klienci nie mogli już sobie pozwolić na coaching. Brakowało mi na opłacenie wszystkich rachunków, w tym na spłatę domu. Miałem 425 000 dolarów długu i nieco się... podłamałem. Spadłem na dno pod każdym względem – psychicznym, fizycznym i finansowym. Nigdy w życiu nie czułem się tak przybity i załamany. Miotałem się w rozpaczy, poszukując rozwiązań problemów, które mnie przerastały, i rozpaczliwie starałem się posklejać swoje życie. Czytałem różne poradniki, uczęszczałem na seminaria, wynająłem nawet coacha. Niestety, nic nie przynosiło rezultatów.

2008 rok. Zła passa minęła. W końcu wyznałem przyjacielowi, w jakie bagno wpadłem (do tej pory udawało mi się wszystko utrzymać w tajemnicy). A on zapytał tylko: „Ćwiczysz?". Odpowiedziałem, że ledwo mam siłę, by rano zwlec się z łóżka. „Zacznij biegać, poczujesz się lepiej i rozjaśni ci się w głowie", powiedział. Brr, nienawidzę biegać. Byłem jednak zdesperowany, wziąłem więc sobie do serca jego radę i poszedłem pobiegać. Podczas biegania wpadłem na pewien pomysł, który stał się punktem zwrotnym w moim życiu (opowiem ci o nim w rozdziale 2 *Geneza* Miracle Morning *– praktyka zrodzona z rozpaczy*). Olśniło mnie, że mógłbym stworzyć metodę rozwoju osobistego, coś w rodzaju codziennego treningu, która by mi pomogła stać się osobą, jaką musiałem być, aby rozwiązać wszystkie problemy i naprawić swoje życie. Niebywałe, ale to zadziałało. Praktycznie w każdej dziedzinie mojego życia zachodziły tak szybkie zmiany, że nazwałem tę metodę *Miracle Morning*.

Jesień 2008 roku. Wciąż udoskonalałem mój *Miracle Morning*. Eksperymentowałem z różnego rodzaju praktykami rozwoju osobistego i rytmem snu, badając, jaka jego ilość jest nam niezbędna. Moje odkrycia kompletnie zburzyły poglądy i wyobrażenia wielu ludzi, w tym także i moje. Wyniki mnie zafrapowały, więc opowiedziałem o nich moim klientom, których też bardzo zaciekawiły. Ci przekazali je dalej swoim przyjaciołom, rodzinie i współpracownikom. Całkiem nieoczekiwanie zaroiło się od osób, wcale mi nieznanych, zamieszczających na Facebooku i Twitterze informacje o swoich fenomenalnych porankach (więcej na ten temat później).

2009 rok. Jak dotąd był to chyba mój najlepszy rok. Poślubiłem kobietę swojego życia. Zaszliśmy w ciążę i urodziliśmy córkę (Czy mogę tak powiedzieć, czy to tylko „jej" sprawa?). Moja firma coachingowa rozkwitła – klienci zapisywali się na liście oczekujących. Moja kariera mówcy nabrała rozpędu. Przemawiałem w szkołach średnich, college'ach, na konferencjach korporacyjnych i non profit. Metoda *Miracle Morning* rozprzestrzeniała się z szybkością pożaru. Codziennie dostawałem wiadomości od ludzi, którzy pisali, jak zmieniło się ich życie. Wiedziałem, że jestem za to wszystko odpowiedzialny i powinienem podzielić się metodą z innymi, a najlepszym na to sposobem byłoby napisanie książki. Powoli, znów zacząłem pisać. Nie zrozum mnie źle, nadal nie jestem pisarzem, po prostu jestem oddany sprawie. Jak mówi mój przyjaciel Romacio Fulcher: „Ty zawsze jesteś czemuś całym sercem oddany".

2012 rok. Książka, którą właśnie trzymasz w ręku, a której poświęciłem trzy lata życia, w końcu ujrzała światło dzienne. Byłem w szoku, gdy szybko zajęła pierwszą pozycję na listach bestsellerów Amazona, a w dodatku w ciągu roku od publikacji stała się jedną z najwyżej ocenianych pozycji w historii firmy (otrzymała ponad 500 recenzji, ze średnią 4,7 gwiazdek na 5 możliwych). Jednak dla mnie ważniejsze jest, co pisano w recenzjach. Ludzie widzieli, że ich życie zmienia się na lepsze. Co więcej *Miracle Morning* działał na różne osoby: od młodych mam po prezesów zarządów – wszystkim dawał możliwość poprawy jakiejś sfery życia, a czasem nawet wszystkich.

Żyj z determinacją

Opowiadam ci swoją historię, żebyś się przekonał, jakie przeszkody można pokonać i co osiągnąć, a twoja aktualna sytuacja życiowa czy trudne wyzwania, które przed tobą stoją, nie mają absolutnie żadnego znaczenia. Jeżeli ja zmartwychwstałem, choć usłyszałem, że nigdy nie będę chodził, potem zbankrutowałem i wpadłem w tak czarną rozpacz, że nie chciało mi się wstawać rano z łóżka, aby zawalczyć o swoje wymarzone życie – nie masz żadnej sensownej wymówki. Ty też pokonasz przeszkody, które powstrzymują cię przed osiągnięciem wszystkiego, czego tylko w życiu chcesz. Nic nie może cię powstrzymać przed dokonaniem tego. Absolutnie nic.

Głęboko wierzę, że jeśli jednemu człowiekowi udało się pokonać różne ograniczenia i osiągnąć coś, co sobie wymarzył, oznacza to, że i dla innych wszystko – dosłownie wszystko – jest możliwe i to bez względu na to, czego doświadczyli i jak wygląda ich życie w danym momencie. Trzeba tylko wziąć pełną odpowiedzialność za swoje życie w każdym jego aspekcie i nie obwiniać za nic innych. Skala twojej odpowiedzialności za twój los jest odpowiednikiem mocy, jaką dysponujesz, aby coś w życiu zmienić lub stworzyć je na nowo.

Ważne, abyś zrozumiał, że odpowiedzialność to nie to samo co wina. Wina wskazuje winnego, odpowiedzialność zaś tego, kto poświęcił się doskonaleniu. Posłużę się przykładem wypadku: wina leżała po stronie pijanego kierowcy, lecz to ja byłem odpowiedzialny za poprawę swojej sytuacji i warunków życiowych. Naprawdę nie ma znaczenia, kto jest winien. Liczy się tylko to, że ty i ja zdecydowaliśmy się zostawić za sobą przeszłość i żyć tak, jak chcemy. Od teraz.

Czas na ciebie i twoją opowieść

Musisz wiedzieć, że etap, na jakim się właśnie znajdujesz, po pierwsze jest sytuacją przejściową, a po drugie dokładnie tym punktem, w którym miałeś się znaleźć. Dotarłeś do niego, aby dowiedzieć się tego, czego musisz się dowiedzieć, by stać się człowiekiem, którym powinieneś być, i aby zaprojektować takie życie, o jakim marzysz. Nawet gdy rzeczywistość jest trudna i pełna wyzwań – zwłaszcza wtedy – dany moment jest dla nas zawsze sposobnością, żeby się czegoś nauczyć, dojrzeć i stać się lepszym człowiekiem.

To ty piszesz swoją historię, a żadna dobra opowieść nie może się obejść bez bohatera czy bohaterki pokonujących przeszkody, jakie stawia przed nimi życie. Właściwie, im większe wyzwanie, tym lepsza opowieść. Skoro od tej pory nic nie ogranicza twojej opowieści, co chciałbyś, aby znalazło się na następnej stronie?

Dobra wiadomość jest taka, że – zaczynając od razu – masz możliwość zmienić w swoim życiu lub stworzyć od nowa, co tylko zechcesz. Wcale nie mówię, że nie musisz nad tym popracować, lecz jeśli staniesz się osobą, która jest w stanie tego dokonać, będziesz mógł to zrobić szybko i łatwo. O tym jest ta książka – ma ci pomóc stać się kimś, kim musisz się stać, aby dokonać w życiu tego wszystkiego, o czym zawsze marzyłeś. Nie ma żadnych ograniczeń.

Chwytaj za pióro

Zanim zaczniesz czytać dalej, weź do ręki długopis albo ołówek, żebyś miał czym pracować. W trakcie czytania zaznaczaj wszystko, co zwraca twoją uwagę i do czego będziesz chciał później wrócić. Podkreślaj, zakreślaj, zaznaczaj w kółku, zaginaj strony, rób notatki na marginesach. Dzięki temu będziesz mógł szybko przypomnieć sobie ważne lekcje, wskazówki, strategie działania.

Osobiście zawsze walczyłem z takimi zachowaniami, bo siedzi we mnie mały perfekcjonista, który ma obsesję na punkcie czystości i kompulsywnie porządkuje swoje rzeczy. W pewnym momencie zdałem sobie jednak sprawę z tego, że powinienem to przezwyciężyć. Przecież racją istnienia książki nie jest to, by pozostała nietknięta, lecz byśmy mogli wyciągnąć z niej, ile się da. Teraz kreślę po wszystkim, co czytam. Mogę zajrzeć do tego w każdej chwili i szybko przypomnieć sobie kluczowe idee bez konieczności czytania całych książek od nowa.

No dobrze, ołówek w rękę i zaczynajmy! Za chwilę rozpocznie się kolejny rozdział twojego życia...

1

Czas się obudzić i żyć pełnią życia

„Życie jest zbyt krótkie" – to formułka powtarzana na tyle często,
że stała się frazesem, lecz tym razem to prawda.
Nie masz dość czasu, żeby być jednocześnie nieszczęśliwym i nijakim.
To nie tylko bezcelowe – to boli.

SETH GODIN

Jeśli chcesz kłaść się spać z satysfakcją,
musisz wstawać co rano z determinacją.

GEORGE LORIMER

Dlaczego tak się dzieje, że gdy rodzi się dziecko, mówimy o „cudzie życia", a później godzimy się bez żalu z miałkością i przeciętnością swojej egzystencji? W którym momencie tracimy z oczu ten cud – fakt, że żyjemy?

Odkąd przyszedłeś na świat, wszyscy cię zapewniali, że gdy dorośniesz, możesz zostać, kim chcesz, robić i mieć, co będziesz chciał. I co, teraz gdy już jesteś dorosły, czy robisz i masz to, o czym marzyłeś, czy stałeś się człowiekiem, jakim zawsze pragnąłeś być? A może gdzieś po drodze musiałeś zrewidować swoje duże i małe cele, bo nie zawalczyłeś o więcej, niż naprawdę chciałeś?

Czytałem niedawno alarmujące statystyki: przeciętny Amerykanin ma 20 kilogramów nadwagi, 10 000 dolarów długu, cierpi z powodu stanów depresyjnych, nienawidzi swojej pracy i nie ma bliskich sercu przyjaciół. Nawet jeśli tylko ułamek z tego jest zgodny z prawdą, ludzie potrzebują, by ktoś nimi porządnie potrząsnął i ich obudził.

A ty? Czy w pełni wykorzystujesz swoje możliwości i wspinasz się na wyżyny, na jakich naprawdę pragniesz się znaleźć – we wszystkich dziedzinach swojego życia? A może są takie obszary, w których zgodziłeś się na mniej, niż rzeczywiście chciałbyś osiągnąć? Czy akceptujesz to „mniej", niż jesteś w stanie z siebie dać, a później usprawiedliwiasz się sam przed sobą, że właściwie wszystko jest w porządku? A może jesteś gotów położyć kres tym racjonalizacjom i zacząć żyć najlepiej, jak potrafisz? No wiesz, swoim wymarzonym życiem?

Projektowanie życia na dziesiątkę

Oprah powiedziała kiedyś coś, co bardzo mi się spodobało: „Największą przygodą, jaka może nas spotkać, to żyć tak, jak sobie wymarzyliśmy". Nic dodać, nic ująć. Niestety, tak niewielu ludzi zbliża się do tego ideału, że właściwie brzmi to jak pustosłowie. Większość z rezygnacją przyzwala na miernotę swojego życia, biernie akceptując to, co daje im los. Nawet ludzie sukcesu, którzy mają świetne wyniki w jakieś dziedzinie, na przykład w biznesie, często odpuszczają sobie w innych sferach, takich jak zdrowie czy relacje z ludźmi, godząc się na przeciętność. Jak błyskotliwie ujął to popularny autor Seth Godin: „ Czy jest jakaś różnica między przeciętnym a nijakim? Niewielka".

Wcale nie musisz poprzestawać na małym, godzić się na mniej, niż naprawdę chcesz, tylko dlatego, że tak robi większość. Nawet jeśli do tej większości zaliczają się twoi przyjaciele, koledzy i rodzina. Możesz dołączyć do tych osób, które triumfują w każdej sferze swojego życia. Bez wyjątku. Szczęście. Zdrowie. Pieniądze. Wolność. Sukcesy. Miłość. Naprawdę możesz mieć to wszystko naraz.

Gdyby przyjąć, że powodzenie, satysfakcja z życia i pracy to stopnie od jednego do dziesięciu, absolutnie każdy chciałby się znaleźć na samej górze, prawda? Nigdy nie spotkałem osoby, która by powiedziała: „Nie, zdrowie chcę mieć na siódemkę. To mi wystarczy. Nie chcę być zbyt zdrowy, po co mi tyle energii". Albo: „Wiesz, w relacjach z ludźmi zadowala mnie piątka. Nie mam nic przeciwko temu, żeby się czasem pokłócić z kimś, na kim mi zależy, wcale nie chcę, żeby wszystkie moje potrzeby były zaspokojone i zdecydowanie nie mam ochoty być z moją drugą połową parą gołąbków, drażniących swoim szczęściem inne pary".

Przekonasz się, że osiągnięcie dziesiątego poziomu na skali sukcesu w każdej dziedzinie życia nie tylko jest możliwe, ale banalnie proste. Wystarczy codziennie i wytrwale dążyć do tego, by stać się osobą na dziesiątkę. Taki człowiek triumfuje w każdej sferze – jest w stanie zaprojektować, osiągnąć i utrzymać ten najwyższy poziom.

A jeśli ci powiem, że wszystko zaczyna się od porannego wstawania? Że możesz zacząć już dzisiaj i powoli, małymi kroczkami zmierzać do celu? Że proste techniki pomogą ci stać się osobą, jaką musisz być, aby osiągnąć w każdej sferze swojego życia taki sukces, na jakim ci naprawdę zależy i na jaki zasługujesz? Zapaliłeś się do tego pomysłu? Czy w ogóle mi uwierzyłeś? Pewnie nie wszyscy mi uwierzą. Zbyt wiele osób ma dość. Czują się znużone i wyzute z pragnień. Aby naprawić swoje życie i związki, próbowały już chyba wszystkiego, ale nic z tego nie wyszło. Świetnie to rozumiem. Też przez to przeszedłem, ale z czasem nauczyłem się kilku rzeczy, dzięki którym wszystko się zmieniło. Potrafię ci pomóc. Chcę cię zaprowadzić tam, gdzie życie jest nie tyle dobre, co absolutnie niezwykłe, w stopniu, w jakim byśmy się nie spodziewali.

Trzy podstawowe fakty, na których opiera się ta książka

- Jak każdy człowiek na świecie zasługujesz na zdrowie, szczęście, miłość, bogactwo i sukces, a także jesteś władny, aby to wszystko osiągnąć i utrzymać na najwyższym poziomie. Sprawą absolutnie kluczową jest to, abyś zaczął żyć w zgodzie z tą prawdą, nie tylko dla poprawy jakości swojego życia, ale ze względu na wpływ, jaki wywierasz na rodzinę, przyjaciół, klientów, współpracowników, dzieci, społeczność, słowem na wszystkich, z którymi się w życiu stykasz.
- Musisz przestać godzić się na mniej, niż zasługujesz (dotyczy to każdej dziedziny życia) i określić satysfakcjonujący cię poziom powodzenia w sferze osobistej, zawodowej i finansowej. W tym celu musisz codziennie poświęcić czas, aby stać się osobą przygo-

towaną do konsekwentnego przenoszenia swojego życia na taki poziom, jaki sobie wymarzyłeś, i utrzymania go na nim.

- Twoje poranne wstawanie i związane z tym przyzwyczajenia (lub ich brak) mają ogromny wpływ na twoje osiągnięcia dosłownie w każdej dziedzinie życia. Owocne, zorganizowane i udane poranki przechodzą w równie owocne, zorganizowane i udane dni, a z tych niechybnie rodzi się udane życie. Na tej samej zasadzie bezowocne, chaotyczne i byle jakie poranki przechodzą w takie same dni, ostatecznie tworząc nijakie życie. Zmieniając tylko swój sposób wstawania, jesteś w stanie dokonać zmian w każdej sferze życia i to szybciej, niż ci się wydaje.

Daj spokój, Hal, żaden ze mnie ranny ptaszek

A jeśli już próbowałeś wstawać wcześniej i to nie działało?

„Nie jestem skowronkiem", mówiłeś.

„Jestem sową".

„Doba ma tylko 24 godziny".

„Ale ja potrzebuję więcej snu, a nie mniej!"

Przed *Miracle Morning* też się w ten sposób wykręcałem. Ludzie sukcesu, Pat Flynn i MJ DeMarco (dziś zagorzale praktykujący tę metodę) mówili to samo. To bez znaczenia, jaki masz bagaż doświadczeń. Nawet jeżeli przez całe życie miałeś kłopoty z porannym wstawaniem i rozpoczynaniem dnia o wczesnej porze, to na pewno się zmieni.

Miracle Morning udowodnił, że działa na każdego (w rozdziale 8 przekonam cię, że sprawdzi się też w twoim przypadku). Debiutujące „ranne ptaszki" – przedsiębiorcy, sprzedawcy, dyrektorzy i prezesi, nauczyciele, agenci nieruchomości, młode mamy, licealiści, studenci itd. – zareagowały na głębokie zmiany w swoim życiu tak entuzjastycznie, że zaczęły nakręcać na ten temat filmiki i wrzucać je na YouTube'a, Facebooka i Twittera.

Wystarczy przeczytać kilka prawdziwych historii znajdujących się na początku książki... „Moje życie zmienia się w takim tempie, że ledwo nadążam… W pracy walczyłem o przeżycie, ale odkąd zacząłem praktykować *Miracle Morning*, jestem zdumiony, że udało mi się wszystko odwrócić o 180 stopni". I jeszcze: „To mój siedemdziesiąty dziewiąty dzień praktykowania *Miracle Morning*. Od tamtej pory nie opuściłam ani jednego dnia. Szczerze mówiąc, to PIERWSZY raz, kiedy udało mi się wytrwać tak długo. Jak dotąd kończyło się na kilku dniach lub tygodniach". A nawet to: „Praktykuję *Miracle Morning* od 10 miesięcy. Od tej pory moje dochody się podwoiły, a w życiu nie byłem w tak dobrej formie". I jeden z moich ulubionych wpisów: „Praktykuję *Miracle Morning* i nie tylko fantastycznie się czuję, ale oprócz tego straciłem 11 kilogramów". Większe dochody, lepsza jakość życia, większa dyscyplina, mniej stresów, a nawet spadek wagi – to jest osiągalne także dla ciebie.

W następnym rozdziale poprowadzę cię drogą, jaką przeszedłem, wcielając w życie *Miracle Morning*: od najgorszego okresu (bankrutująca firma, ogromny dług, depresja i fatalny stan zdrowia) do fazy triumfu (rozkwit interesów, podwojenie dochodów, spłata długów, spełnienie marzenia o międzynarodowej karierze mówcy, moja książka w bestsellerowej serii *Balsam dla duszy*, wywiady w radiu i telewizji, a na deser: udział w ultramaratonie o dystansie 83 kilometrów – i to wszystko w niespełna rok). Wkrótce zdradzę ci kilka sekretów, dzięki którym będziesz mieć sukces w kieszeni.

Miracle Morning to metoda po pierwsze łatwa, a po drugie niezwykle przyjemna, która nie będzie wymagała od ciebie wysiłku i którą będziesz mógł stosować do końca życia. Przekonasz się niebawem, że chociaż teoretycznie mógłbyś spać, jak długo chcesz, wcale tego nie potrzebujesz. Nie zliczę, ilu ludzi mówiło mi, że teraz nawet w weekendy wstają wcześnie z jednego prostego powodu – ponieważ lepiej się czują i są w stanie więcej zrobić. Tylko o tym pomyśl.

Osoby praktykujące codziennie *Miracle Morning* wielokrotnie porównywały to do uczucia, którego doświadczały jako dzieci, budząc się w bożonarodzeniowy poranek. Jeśli nie obchodzisz świąt, przypomnij sobie inną okazję, gdy otwierałeś rankiem oczy w radosnym oczekiwaniu – może przed pójściem po raz pierwszy do szkoły, w dzień swoich urodzin lub przed wyjazdem na wakacje. Wyobraź sobie, jak cudownie byłoby zaczynać w ten sposób każdy dzień.

Poniżej znajdziesz kilka najbardziej oczywistych, a jednak ogromnych korzyści, jakich możesz się spodziewać.

- Będziesz budził się codziennie pełen energii i z gotową strategią, która pozwoli ci w pełni wykorzystać twój potencjał.
- Zmniejszysz stres.
- Będziesz jasno myślał i wiedział, jak szybko i skutecznie pokonać przeszkody, niepowodzenia oraz wstrzymujące cię błędne nastawienie.
- Staniesz się ogólnie zdrowszy, schudniesz (jeżeli ci na tym zależy) i będziesz w doskonałej formie fizycznej.
- Będziesz bardziej efektywny, o wiele łatwiej będzie ci się koncentrować na swoich najważniejszych celach.
- Odczujesz wdzięczność i przestaniesz się zamartwiać.
- Znacząco poprawisz swoje umiejętności zarabiania pieniędzy i pomnażania majątku.
- Odkryjesz, co jest dla ciebie naprawdę ważne, i zaczniesz żyć zgodnie z tymi wartościami.
- Nie poprzestaniesz na małym, nie zrezygnujesz z tego, na czym ci naprawdę zależy (dotyczy to każdej sfery życia). Wreszcie zaczniesz realizować swoją wizję wymarzonego życia.

Zdaję sobie sprawę z tego, że składam zuchwałe obietnice, że to, co mówię, może brzmieć jak natrętna reklama. Może myślisz teraz: „zbyt piękne, aby mogło być prawdziwe", zgadza się? Mimo to zapewniam cię, że nie ma w tym żadnej przesady. Systematyczne praktykowanie *Miracle Morning* pozwoli ci stać się takim człowiekiem, który będzie potrafił zmienić swoje życie na lepsze.

Rzucam ci koła ratunkowe – S.A.V.E.R.S. – sześć potężnych, sprawdzonych praktyk, które składają się na metodę *Miracle Morning* i są gwarancją, że nie stracisz swojej szansy na niezwykłe życie. Każdy na takie zasługuje, a jednak statystyki mówią, że 95% społeczeństwa nigdy tego nie doświadczy (więcej na ten temat przeczytasz w rozdziale

3). Wierzę, że przy twojej pomocy damy radę zmienić te ponure statystyki.

W końcu będziesz gotów podjąć wyzwanie i porwać się na „Trzydziestodniowy kurs przemiany *Miracle Morning*". Dzięki tej sesji poprawisz właściwe nastawienie i umocnisz nawyki, których będziesz potrzebował, by gładko i nieprzerwanie wykuwać swój sukces i utrzymywać go na odpowiednio wysokim poziomie – takim, jakiego pragniesz. Nigdy nie zapominaj, że to, kim się stajesz, to pierwszy i najważniejszy czynnik decydujący o jakości twojego życia, teraz i w przyszłości.

Bez względu na to, czy uważasz się obecnie za rannego ptaszka, czy nie, nauczysz się, jak ułatwić sobie poranne wstawanie. Wykorzystując niewątpliwy związek, jaki istnieje między porannym wstawaniem a sukcesami w życiu, sam się przekonasz, że to, jak spędzasz pierwszą godzinę dnia, jest kluczem do rozwijania twojego potencjału i realizacji celów, do których zmierzasz. Szybko zauważysz, że zmieniając swoje poranne nawyki, zmieniasz w istocie całe swoje życie.

2

Geneza *Miracle Morning* – praktyka zrodzona z rozpaczy

Rozpacz jest surowym materiałem prawdziwej zmiany.
Wywiną się tylko ci, którzy potrafią porzucić wszystko,
w co zawsze wierzyli.

WILLIAM S. BURROUGHS

Głębokie zmiany w życiu wymagają inspiracji lub desperacji.

ANTHONY ROBBINS

W swoim stosunkowo krótkim życiu dwa razy udało mi się trafić na samo dno. Mówię „udało mi się", ponieważ to właśnie wówczas, w najtrudniejszych chwilach, dowiedziałem się czegoś ważnego i dojrzałem, co pomogło mi stać się człowiekiem, jakim musiałem się stać, by żyć tak, jak naprawdę pragnąłem. Cieszę się, że pomagając innym w pokonywaniu krępujących ich ograniczeń i osiąganiu dalekosiężnych celów, mogę wykorzystać nie tylko swoje sukcesy, ale i porażki.

Moje pierwsze dno: śmierć na miejscu wypadku

Jak już wiesz, mój pierwszy upadek mógł się okazać ostatnim. Gdy miałem 20 lat, zderzył się ze mną czołowo pijany kierowca i umarłem na miejscu wypadku. (W swojej pierwszej książce *Taking Life Head On: How to Love the Life You Have While You Create the Life of Your Dreams* szczegółowo opisałem, jak udało mi się podźwignąć z tego beznadziejnego położenia, a także pokazałem w ośmiu lekcjach, jak szybko i skutecznie poprawić jakość swojego życia).

Moje drugie dno: pogrążony w długach i depresji

Upadek w otchłań rozpaczy okazał się dla mnie trudniejszy niż śmierć w wypadku.

Był rok 2008. Gospodarka Stanów Zjednoczonych znajdowała się w najgłębszej recesji od czasów Wielkiego Kryzysu z 1930 roku. Udało mi się przeżyć wypadek i chociaż osiągnąłem doskonałe wyniki sprzedaży i trafiłem do galerii gwiazd swojej firmy, rozwinąłem świetnie prosperujący biznes coachingowy wart sześciocyfrowej sumy oraz napisałem bestseller, znów zderzyłem się ze ścianą. Tym razem przeżyłem kompletne załamanie: psychiczne, emocjonalne i finansowe.

Praktycznie z dnia na dzień odnoszące sukcesy przedsięwzięcie przestało przynosić zyski. Mój miesięczny dochód stopniał o ponad połowę. Nagle nie miałem za co opłacić rachunków, a właśnie kupiłem swój pierwszy dom, zaręczyłem się i planowaliśmy dziecko. Pogrążony po uszy w długach, z obciążoną hipoteką, po raz pierwszy w życiu popadłem w głęboką depresję.

Czułem, że spadłem na samo dno. Czy mogło być gorzej? Pewnie tak, ale dla mnie w tamtym momencie nastąpił koniec świata. Absolutny koniec.

Dlaczego długi były gorsze niż śmierć

Gdybyś mnie zapytał, co było dla mnie trudniejsze: wypadek czy kłopoty finansowe, odpowiedziałbym bez wahania, że zdecydowanie to drugie. Większość uznałaby zapewne, że czołowe zderzenie z samochodem prowadzonym przez pijanego kierowcę, jedenaście pogruchotanych kości, trwałe uszkodzenie mózgu, sześciominutowa śmierć kliniczna plus przerażająca prognoza lekarzy (miałem już nigdy nie chodzić) to najgorsze, co może człowieka spotkać. Wcale bym się nie zdziwił, gdybyś przypuszczał, że cierpienia fizyczne i psychiczne, jakich doświadczyłem po tym straszliwym wypadku, były dla mnie właśnie czymś takim. A jednak było inaczej.

Otóż po wypadku opiekowało się mną mnóstwo osób. W szpitalu przez cały czas czuwał przy mnie ktoś z rodziny. Bez przerwy miałem gości. Dzień w dzień odwiedzali mnie przyjaciele i członkowie rodziny, aby sprawdzić, jak się czuję, okazać, że jestem dla nich ważny, i wesprzeć psychicznie. Miałem cudowną opiekę ze strony lekarzy i pielęgniarek, którzy bardzo się o mnie troszczyli, gdy dochodziłem do zdrowia. Ktoś przygotowywał mi jedzenie i przynosił do łóżka. Nie wisiały nade mną stresy związane z pracą i zarabianiem pieniędzy. Życie w szpitalu płynęło gładko i przyjemnie.

W drugim przypadku sprawy miały się całkiem inaczej. Nikt mi nie współczuł. Nie miałem gości. Nikt nade mną nie czuwał ani się o mnie nie troszczył. Nie przygotowywał posiłków. Tym razem sam musiałem o siebie zadbać. Ludzie mieli na głowie własne problemy.

Nastąpił efekt domina i jedna klęska pociągała za sobą kolejne. Pod względem fizycznym, psychicznym, emocjonalnym i finansowym – jak zwał, tak zwał – czułem się wrakiem.

Doświadczałem codziennie tak silnego lęku i niepewności, że najlepiej było mi we własnym łóżku. Chociaż brzmi to żałośnie, tym, co pomagało mi przeżyć kolejny dzień, była świadomość, że w końcu się wśliznę do łóżka i choć na chwilę ucieknę od swoich problemów. Tłukły mi się po głowie myśli samobójcze, ale nie miałem siły wprowadzić ich w czyn. Poza tym wystarczyło, że pomyślałem o tym, co przeżywaliby moi rodzice, gdybym odebrał sobie życie, a zaraz dawałem sobie spokój i jakoś dalej wszystko ciągnąłem. Zresztą podświadomie zdawałem sobie sprawę, że bez względu na to, jak źle się w życiu dzieje, zawsze jest jakiś sposób, by to zmienić. Jednak nie potrafiłem się pozbyć dołujących myśli. Po prostu nie widziałem wyjścia z mojego kryzysu finansowego. Nie byłem w stanie wymyśleć niczego, co położyłoby kres mojemu cierpieniu.

Poranek, który totalnie odmienił moje życie

Nagle, pewnego ranka, wszystko się zmieniło. Obudziłem się zdołowany podobnie jak przez wiele poprzednich tygodni, ale tym razem zrobiłem coś innego niż zwykle. Skorzystałem z rady przyjaciela i poszedłem pobiegać, co rzekomo miało mi rozjaśnić w głowie. Chciałbym, żebyś mnie dobrze zrozumiał – nie jestem biegaczem. Szczerze mówiąc, nie widzę sensu w bieganiu dla samego biegania. Jednak mój przyjaciel, Jon Berghoff, naopowiadał mi, że kiedy tylko czuje się przytłoczony i zestresowany, przebieżka rozjaśnia mu myśli, poprawia nastrój, a nawet pomaga w znalezieniu rozwiązania wielu problemów.

Powiedziałem Jonowi: „Ale ja nienawidzę biegać...". Odparł bez zastanowienia: „A czego bardziej nienawidzisz: biegania... czy sytuacji, w jakiej się znalazłeś?". Byłem zrozpaczony. Nie miałem nic do stracenia. Postanowiłem spróbować.

Tego ranka założyłem swoje buty do koszykówki Nike Air Jordan® (już mówiłem, że nie jestem biegaczem), złapałem iPoda, żeby po drodze czegoś sobie posłuchać, i wyszedłem z domu, który lada moment miał należeć do banku. Nie miałem pojęcia, że podczas tego biegu doświadczę jednego z najgłębszych i najsilniejszych przełomów w życiu, który natychmiast nada wszystkiemu inny kurs.

Słuchając przemowy motywacyjnej Jima Rohna (nie pierwszy zresztą raz), zwróciłem uwagę na coś, co nigdy wcześniej do mnie nie dotarło. Być może też zdarzyło ci się, że coś, co słyszałeś wcześniej wielokrotnie, ale nie przyjmowałeś tego do wiadomości, nagle cię zaskoczyło i zobaczyłeś wszystko w innym kontekście? Może byłeś wtedy w odpowiednim stanie ducha, aby przekaz naprawdę do ciebie trafił? Jeśli chodzi o mnie, tego ranka znajdowałem się w odpowiednim stanie – w rozpaczy – i w końcu załapałem, w czym rzecz. Gdy usłyszałem, jak Jim na pewniaka oznajmia: „Poziom twojego sukcesu w życiu rzadko przekracza poziom twojego rozwoju osobistego, ponieważ sukces jest czymś, co przyciągasz jako osoba, którą się stajesz". Stanąłem jak wryty. Ta deklaracja miała wkrótce zmienić całe moje życie.

Sukces równoległy

Nagle wszystkie elementy układanki wskoczyły na swoje miejsce! Zrozumienie przyszło niczym fala uderzeniowa. W jednej chwili uświadomiłem sobie, że nigdy nie stałem się człowiekiem, który miałby dostateczną siłę psychiczną, aby wykreować i utrzymać w swoim życiu taki sukces, o jakim marzy. Na skali od jednego do dziesięciu pragnąłem sukcesu na najwyższym, dziesiątym poziomie, ale sam, w swoim rozwoju psychicznym, znajdowałem się na poziomie drugim, może trzecim lub czwartym, jeżeli miałem dobry dzień.

Zrozumiałem, że ten problem jest wspólny dla nas wszystkich. Wszyscy chcemy osiągnąć dziesiąty poziom w różnych sferach życia, dotyczy to zdrowia, szczęścia, dochodów, stosunków z ludźmi, kariery, duchowości – niech każdy sobie sam wybierze, jednak jeśli poziom rozwoju osobistego (np. wiedza, doświadczenie, nastawienie, przekonania) nie idzie z tymi aspiracjami w parze, życie staje się po prostu nieustanną walką.

Zewnętrzny świat zawsze będzie odbiciem naszego świata wewnętrznego. Poziom powodzenia zawsze biegnie równolegle do naszego rozwoju osobistego. Dopóki nie poświęcisz czasu na samodoskonalenie, abyś mógł się stać kimś, kto będzie w stanie zawalczyć o życie, jakiego pragnie, sukces będzie ci się zawsze wymykał.

Pobiegłem prosto do domu. Byłem gotów, aby zmieniać swoje życie.

Nasze pierwsze wyzwanie: znaleźć czas

Wiedziałem już, że jeśli chcę rozwiązać swoje problemy, samodoskonalenie musi się stać najważniejszą sprawą w moim życiu. To było właśnie to brakujące ogniwo, dzięki któremu miałem zostać kimś, kto będzie potrafił zaprojektować i utrzymać przyszłe sukcesy na wymarzonym poziomie. Proste.

Ale główne wyzwanie, jakie napotkałem zaraz na wstępie, było powszechnym zjawiskiem, z którym zderza się każdy: brak czasu. Pracowałem jak szalony, żeby jakoś związać koniec z końcem, więc wygospodarowanie choćby kilku minut na rozwój osobisty wydawało mi się po prostu niemożliwe. Też mógłbyś coś na ten temat powiedzieć?

Uwielbiam to, co napisał w swojej bestsellerowej książce *Życie w rytmie marzeń** Matthew Kelly: „Z jednej strony wszyscy chcemy być szczęśliwi. Z drugiej strony wiemy, co nas uszczęśliwia. Ale nic w tym kierunku nie robimy. Dlaczego? To proste. Jesteśmy zbyt zajęci. Czym? Gonitwą za szczęściem".

Złapałem więc notatnik, wygodnie się rozsiadłem i próbowałem znaleźć (tzn. wygospodarować) czas, który mógłbym poświęcić codziennie na samodoskonalenie. Wziąłem pod uwagę poniższe opcje.

Może wieczorem?

Najpierw przyszło mi do głowy, że może powinienem to robić wieczorem, po pracy albo wręcz w nocy, gdy moja narzeczona położy się spać. Ale zaraz sobie uświadomiłem, że wieczory to jedyny czas, który mamy dla siebie – to raz. A dwa – bardzo późnym wieczorem rzadko bywam w szczytowej formie. Zwykle czuję się tak zmęczony, że trudno mi się na czymś skupić. Szczerze mówiąc, już „nie kontaktuję", co trudno nazwać optymalnym stanem do pracy nad sobą. Wieczór raczej nie wchodził więc w grę.

Może po południu?

A może zaplanować to na popołudnia? Na przykład podczas przerwy na lunch albo pomiędzy jakimiś swoimi obowiązkami znalazłbym trochę czasu, który mógłbym sobie poświęcić? Prawda jest taka, że to tylko pobożne życzenia, nie mamy czasu i nie będziemy go mieć, a dzień ucieka...

No nie, tylko nie rano!

Potem rozważyłem opcję poranną, ale szybko ją odrzuciłem. Powiedzieć, że nie byłem wtedy rannym ptaszkiem, to grube niedomówienie. Wzdrygałem się na samą myśl o porannym wstawaniu, a zwłaszcza zrywaniu się skoro świt, nienawidziłem tego równie mocno jak biegania.

* M. Kelly, *Życie w rytmie marzeń*, Sensus, Helion, Gliwice 2008.

Im dłużej jednak o tym myślałem, tym bardziej wszystko zaczynało mi się składać w sensowną całość.

Po pierwsze, poświęcenie porannego czasu na rzecz rozwoju osobistego dałoby mi kopa na cały dzień. Rankiem mógłbym się czegoś nowego nauczyć. Prawdopodobnie w ciągu dnia miałbym później więcej energii, byłbym bardziej skoncentrowany i lepiej zmotywowany. Przypomniałem sobie wpis na blogu StevePavlina.com zatytułowany *Ster dnia*. Steve (znany również jako autor książki *Rozwój osobisty człowieka rozumnego**) napisał w nim: „Mówi się, że pierwsza godzina po przebudzeniu jest sterem dnia. Jeśli podczas tej pierwszej godziny po przebudzeniu jestem rozkojarzony i rozleniwiony, wszystko wskazuje na to, że mój dzień też taki będzie: rozlazły i chaotyczny. Lecz jeśli postaram się, aby ta pierwsza godzina była efektywnie wykorzystana, reszta dnia potoczy się w ten sam sposób".

Przyznałem też sam przed sobą, że poświęcając się rano samodoskonaleniu, nie mógłbym stosować tych wszystkich wymówek, które przychodzą ludziom na myśl w ciągu dnia („jestem zmęczony", „nie mam czasu" itd.). Gdybym to robił rano, zanim na dobre rozpocznę dzień i pójdę do pracy, mógłbym sobie zagwarantować, że będę to robił codziennie.

W końcu doszedłem do wniosku, że nie ma lepszego czasu na praktykę niż poranek. Ale choć była to opcja najkorzystniejsza, nie rozwiązywała problemu wstawania. Miałem kłopot z tym, żeby zwlec się z łóżka o szóstej – ponieważ musiałem – a więc sam pomysł zrywania się o piątej wydawał mi się dość absurdalny. Zniechęciłem się, a nawet trochę podłamałem i miałem ochotę po prostu zamknąć notes i zapomnieć o całej sprawie, gdy nagle przypomniały mi się słowa mojego mentora Kevina Bracy. Kevin zawsze powtarza: „Jeżeli chcesz, aby twoje życie było inne niż dotychczas, najpierw musisz zrobić coś innego niż zwykle".

* S. Pavlina, *Rozwój osobisty człowieka rozumnego*, MT Biznes 2010.

Do diabła. Wiedziałem, że Kevin ma całkowitą rację, ale wcale nie ułatwiało mi to wstawania. Skoro jednak podjąłem decyzję, że muszę coś zmienić, postanowiłem przezwyciężyć swoje przeświadczenie – które zawsze mnie ograniczało i które sam sobie narzuciłem – że niby nie jestem skowronkiem. Wpisałem w grafik, że następnego dnia wstaję o piątej i zaczynam pracować na rzecz osobistego rozwoju.

Nasze drugie wyzwanie: robić to, co najważniejsze

Wtedy napotkałem kolejne wyzwanie – co mam przez tę godzinę robić, aby miało to największy wpływ na moje życie, a w dodatku działało szybko i skutecznie? Mógłbym czytać, ale to już wcześniej robiłem, a chciałem, aby tym razem było to coś specjalnego. Mógłbym ćwiczyć, jednak tego typu praktyki jakoś szczególnie mnie nie porywały. Wyciągnąłem więc czystą kartkę i zapisałem na niej wszystkie najskuteczniejsze techniki rozwoju osobistego, jakie poznałem przez lata, a których nigdy nie udało mi się konsekwentnie wprowadzić w życie. Na listę trafiły takie działania, jak: medytacja, afirmacje, prowadzenie dziennika, wizualizacja, a także czytanie i ćwiczenia.

Wybrałem sześć technik, o których myślałem, że mogłyby się sprawdzić w moim przypadku, czyli szybko i radykalnie wpłynąć na moje życie. Przeznaczyłem na każdą z nich 10 minut i postanowiłem następnego ranka wypróbować wszystkie. Co ciekawe, od samego patrzenia na tę listę poczułem się zmotywowany! Nagle pomysł zerwania się o świcie wydał mi się całkiem pociągający, choć jeszcze chwilę wcześniej broniłem się przed tym rękami i nogami. Tej nocy ledwo udało mi się zasnąć, nie mogłem się doczekać poranka!

Gdy budzik zadzwonił o piątej, obudziłem się natychmiast i szybko wyskoczyłem z łóżka, podekscytowany i pełen energii! To było takie łatwe, ożywcze, czułem się jak dzieciak, który budzi się w świąteczny poranek. Wtedy wstawanie było najłatwiejszą rzeczą pod słońcem, nigdy nie czułem się bardziej rześki niż jako dziecko rano w Boże Narodzenie... Aż do tamtego poranka.

Poranek, który odmienił całe moje życie

Wyszorowałem zęby, umyłem twarz i pięć po piątej ze szklanką wody w ręku siedziałem już na sofie w salonie. Po raz pierwszy od bardzo dawna ciekawiło mnie, co będzie dalej. Na zewnątrz jeszcze się nie rozwidniło, co – nie wiedzieć czemu – podziałało na mnie niezwykle stymulująco. Wyjąłem swoją listę technik rozwijających osobowość, których nauczyłem się przez lata, ale nigdy nie wprowadziłem w czyn. Postanowiłem je wypróbować, jedną po drugiej.

Cisza

Przez 10 minut siedziałem w ciszy, pogrążony w modlitwie i medytacji, skupiając się na oddechu. Czułem, jak stres mnie opuszcza, a na ciało i umysł spływa spokój. To było coś zupełnie innego od typowego chaosu moich nerwowych poranków. Po raz pierwszy od dawien dawna poczułem spokój.

Czytanie

Zawsze szukałem wymówek, by usprawiedliwić swój brak czasu na czytanie, dlatego cieszyłem się, że tym razem go znalazłem. Miałem nadzieję, że stanie się to moim trwałym nawykiem. Wziąłem z półki klasyczną pozycję Napoleona Hilla *Myśl i bogać się*. Tę książkę, podobnie jak wiele innych w mojej biblioteczce, zacząłem nawet czytać, ale nigdy jej nie skończyłem. Czytałem przez 10 minut i wyłowiłem kilka idei, które zamierzałem przetestować w ciągu dnia. Przypomniałem sobie, że jedna idea wystarczy, aby pchnąć życie na inne tory, i niesłychanie mnie to zmotywowało.

Afirmacje

Nigdy wcześniej nie doceniałem mocy afirmacji, tym bardziej czułem się naprawdę niezwykle, czytając na głos afirmację wiary w siebie z *Myśl i bogać się*. Afirmacja to potężne narzędzie, które ma przypominać o nieograniczonym potencjale, jaki w nas tkwi. Postanowiłem spisać swoje własne afirmacje. Zapisałem, czego pragnę, kim chcę się stać i co mam zrobić, aby zmienić swoje życie. Poczułem się zbudowany.

Wizualizacja

Zdjąłem ze ściany swoją tablicę marzeń. Zrobiłem ją po obejrzeniu filmu *Sekret*. Rzadko na nią patrzyłem, nie mówiąc już o wykorzystaniu jej zgodnie z przeznaczeniem jako narzędzia do wizualizacji. Przez 10 minut moja uwaga dryfowała od jednego obrazu do drugiego. Przy każdym zatrzymywałem się na chwilę, zamykałem oczy i z całej siły starałem się sobie wyobrazić, jak poszczególne cele manifestują się w moim życiu. To mnie zainspirowało.

Prowadzenie dziennika

Następnie otworzyłem jeden z pustych notatników, jakie zgromadziłem przez lata. Podobnie jak wielu ludziom, nigdy nie udało mi się prowadzić dziennika dłużej niż przez kilka dni, góra przez tydzień. Tego dnia zapisałem, za co jestem w życiu wdzięczny. Niemal natychmiast poczułem, jak moja depresja się gdzieś rozpływa, opada niby ciężka mgła, która wcześniej przyduszała mnie do ziemi. Nie zniknęła całkowicie, ale poczułem się o niebo lżej. Proste działanie w postaci spisania rzeczy, za które odczuwam wdzięczność, poprawiło mi nastrój. Poczułem się naprawdę wdzięczny.

Ćwiczenia

Wreszcie, mając w pamięci słynną maksymę Tony'ego Robbinsa: *motion creates emotions**, wstałem z sofy. Opadłem na podłogę i zrobiłem tyle pompek, ile zdołałem. Później przewróciłem się na plecy i zrobiłem tyle brzuszków, na ile pozwalały mi mizerne mięśnie brzucha. Zostało mi jeszcze sześć minut, włożyłem więc do odtwarzacza DVD płytę mojej narzeczonej z lekcją jogi i ćwiczyłem do niej przez ten czas. To mi dodało energii.

Niesamowite! Właśnie przeżyłem najspokojniejszy, najbardziej motywujący, stymulujący, inspirujący, ożywczy i wypełniony wdzięcznością dzień w moim życiu – a była dopiero szósta rano!

* Tę maksymę można przetłumaczyć jako 'akcja równa się reakcja' (przyp. tłum.).

Prawdziwy cud

Przez kilka kolejnych tygodni wstawałem codziennie o piątej rano i przez godzinę pracowałem nad swoim rozwojem osobistym. Robiłem niesłychane postępy i czułem się szczęśliwy jak nigdy dotąd, więc chciałem praktykować jeszcze więcej! I tak, pewnego wieczoru, gdy kładłem się spać, zrobiłem rzecz absolutnie obłędną; nastawiłem swój budzik na czwartą rano. Zasypiając, zastanawiałem się, czy aby nie zwariowałem.

Co mnie zdziwiło, wstawanie o godzinie czwartej okazało się równie łatwe jak o piątej, zresztą i tak podnoszenie się z łóżka było dziesięć razy prostsze niż kiedykolwiek w przeszłości, gdy sprzeciwiałem się wstawaniu.

Mój poziom stresu znacznie spadł. Miałem więcej energii, jasny umysł i byłem bardziej uważny. Czułem się o wiele szczęśliwszy, zmotywowany do działania i pełen świeżych pomysłów. Depresyjne myśli przestały mnie prześladować. Być może sądzisz, że wróciłem do swojego starego ja, ale to nie do końca była prawda. Moje ja rosło tak szybko, że wkrótce stałem się o niebo lepszą wersją samego siebie z przeszłości. Przy tym nowo odkrytym poziomie energii, motywacji, jasności umysłu i koncentracji, zacząłem bez trudu stawiać sobie cele, planować strategie ich osiągania i przeszedłem do realizacji najważniejszego projektu: uratowania swojego biznesu i pomnożenia dochodów. Nie minęły dwa miesiące od mojego pierwszego *Miracle Morning*, a moje dochody nie tylko wróciły do poziomu sprzed krachu gospodarczego, ale były wyższe niż wcześniej.

Wiedziałem już, że moja praktyka rozwoju osobistego ma wielką moc i w końcu zacznę się nią dzielić ze swoimi klientami, potrzebowałem więc dla niej jakiejś chwytliwej nazwy. Skoro tak szybko doświadczałem dobroczynnych i głębokich zmian w swoim życiu, że zakrawało to na cud – od bankructwa i depresji po bezpieczeństwo finansowe i radość z życia, a wszystko to w niecałe dwa miesiące – nasuwała mi się tylko jedna nazwa: *Miracle Morning*.

Skoro udało się Katie...

Kilka tygodni później, podczas sesji coachingowej z Katie, usłyszałem pytanie: „Hal, a właściwie to jak zaczynasz dzień?". Chociaż rozpromieniłem się cały, opowiadając jej o *Miracle Morning* i dobroczynnych skutkach wstawania o godzinę wcześniej niż zwykle, Katie stawiała opór. „Nie wiem, czy mam ochotę wstawać wcześniej, Hal. Zaufaj mi, nie jestem skowronkiem".

Jednak Katie nie lubi się poddawać. Postanowiła wypróbować *Miracle Morning* i wstawać o szóstej rano. Zaofiarowałem się, że będę ją wspierał, i życzyłem powodzenia.

Tydzień później, kiedy rozmawialiśmy przez telefon, Katie była jak w gorączce! Gdy ją spytałem, czy wstaje o szóstej rano i praktykuje *Miracle Morning,* otrzymałem nieoczekiwaną odpowiedź: „Nie. Pierwszego dnia wstałam o szóstej, ale miałeś rację. Przeżyłam taki fantastyczny poranek, że zachciało mi się zaczynać jeszcze wcześniej. Wyobraź sobie, że przez resztę tygodnia wstawałam o piątej! Hal, to jest niesamowite!".

O rany. Musiałem czym prędzej opowiedzieć o tym swoim pozostałym klientom.

W ciągu kolejnych tygodni wielu z nich podzieliło się ze mną podobnymi doświadczeniami z *Miracle Morning*. Wszyscy odnieśli wielkie korzyści z praktyki. Niektórzy opowiedzieli swoim przyjaciołom i współpracownikom, jak ta metoda zmieniła ich życie. Wieści rozeszły się w internecie. Ktoś napisał coś na Facebooku, ktoś na Tweeterze, a inna osoba zaczęła wrzucać na YouTube'a filmiki ze sobą w roli głównej, chwaląc się swoim porannym wstawaniem i praktyką.

Niezłe, co?

Kim, u licha, jest Joe?

Zaczęło do mnie docierać, że coś w tym *Miracle Morning* musi być. Pewnego dnia szukałem na YouTubie jednego z moich filmików i wrzuciłem do wyszukiwarki własne nazwisko. (Hej, nie oceniaj mnie, na pewno sam też próbowałeś się już wyguglować).

Wyszukiwarka podrzuciła mi film zatytułowany „*Miracle Morning* u Joego". Bohaterem był jakiś facet, którego nigdy w życiu na oczy nie widziałem. Moja pierwsza reakcja była dość negatywna: „Kim, u licha, jest Joe, i co on sobie wyobraża, naśladując mój *Miracle Morning?!*". Trochę się najeżyłem, przyznaję, i nieco mi z tego powodu wstyd, ale po prostu nie wiedziałem, co mam o tym sądzić. A co, może miałem być przyjemnie zaskoczony i pokorny?

Włączyłem film i... „Cześć, to ja, wasz przyjaciel, Joe Diosana. Popatrzcie, która jest godzina...". W tym momencie Joe pokazał swój zegarek, na którym była 5.41 rano. „Jak widzicie, jest 5.41 rano, niedziela, i pewnie się zastanawiacie, co ja u diabła robię o tej godzinie w niedzielę rano? Ha, sprawdźcie sami na miraclemorning.com. Tak, ten miraclemorning.com. Poczytajcie sobie i przyjmijcie do wiadomości. Dla mnie to jak święta Bożego Narodzenia, serio, a energia mnie po prostu rozpiera. Teraz każdy dzień jest dla mnie wyjątkowy. Sprawdźcie sami, a przekonacie się, że wasze życie nabierze sensu". (Obecnie możesz obejrzeć osławiony, 43-minutowy film Joego, a oprócz niego wiele innych na MiracleMorning.com/SuccessStories)

Gdy tak siedziałem osłupiały przed monitorem komputera, poczułem respekt i prawie się popłakałem. Stało się dla mnie jasne, że choć nigdy nie planowałem, aby *Miracle Morning* był czymś więcej niż moją osobistą praktyką, jestem za nią całkowicie odpowiedzialny i muszę podzielić się nią z innymi ludźmi. Tak czy inaczej, w tamtym momencie nie byłem w stanie przewidzieć skali tego zjawiska.

Jakiś ruch? A może nowe *Przebudzenie*?

Minęło pięć lat od czasu, gdy opowiedziałem Katie o *Miracle Morning* i obejrzałem na YouTubie film Joego. Przez ten czas otrzymałem tysiące entuzjastycznych wiadomości od ludzi z całego świata, w których dziękowali mi za to, jak *Miracle Morning* wpłynął na ich życie. Stał się czymś w rodzaju ogólnoświatowego ruchu – globalnego przebudzenia – który tworzy barwna zbieranina ludzi oddanych sprawie porannego wstawania i samodoskonalenia. Teraz widzę to w szerszym kontekście. Aby pozytywnie oddziaływać na życie innych i zmieniać otaczający nas świat, sami musimy się zmienić. *Miracle Morning* skłania do stawania się lepszym i przejęcia kontroli nad własnym życiem. To niezbędny warunek sensownego działania.

Czy nazwiesz to ruchem, przebudzeniem, czy tak jak niektórzy „Misją *Miracle Morning*", wszystko sprowadza się do tego, by natchnąć ludzi do zmiany sposobu życia, aby dzięki porannemu wstawaniu i wewnętrznej przemianie odnaleźli moc wpływania na swoje rodziny i społeczności, a tym samym na cały świat. Praktycznie co dzień setki ludzi dołączają do naszej misji i spłacają dług wdzięczności, dzieląc się swoimi doświadczeniami z innymi. Wciąż nie mogę wyjść z podziwu, że *Miracle Morning* zmienił życie tylu ludzi.

Wielu idzie za przykładem Joego i nagrywa siebie podczas praktyki (zwykle pojawia się zbliżenie zegara, co ma stanowić dowód tego, że naprawdę wcześnie wstali).

Czuję się zaszczycony i niezmiernie wdzięczny, że mam sposobność podzielić się tą metodą z tyloma osobami z tak wielu różnych środowisk. *Miracle Morning* to obecnie główny temat moich wystąpień i szkoleń dla korporacji, organizacji non profit, przedstawicieli handlowych, nauczycieli, uczniów szkół średnich i studentów. Staram się wszystkich zmotywować do działań, które przyniosą lepsze efekty i poprawią jakość ich życia. Czy to w przemowie motywacyjnej, czy na warsztatach stosuję świeże podejście, które ma pomóc ludziom i organizacjom poprawić wyniki dzięki zmianie nastawienia do pracy. Jak się może domyślasz, warsztaty *Miracle Morning* odbywają się w stosownym czasie, czyli wczesnym rankiem, czasem nawet przed rozpoczęciem konferencji.

Jeszcze słówko na koniec

Ta książka jest zaproszeniem do tego, abyś przeniósł swoje ja na wyższy poziom i tym samym mógł osiągnąć większy sukces (w tej właśnie kolejności). Jeżeli zaczniesz od razu i będziesz konsekwentnie nad sobą pracował, by stać się kimś z dziesiątego poziomu, masz sukces w kieszeni.

3

95-procentowy pewnik

Jedną z najsmutniejszych rzeczy w życiu jest dotrzeć do jego kresu, obejrzeć się z żalem za siebie i stwierdzić, że mogłeś być kimś lepszym, dokonać więcej i mieć więcej.

ROBIN SHARMA

Historia ludzkości to historia kobiet i mężczyzn, którzy się tanio sprzedali.

ABRAHAM MASLOW

Kiedy ty i ja budzimy się co rano, oboje stajemy przed tym samym wyzwaniem. Mam na myśli pokonanie bylejakości egzystencji i życie pełnią życia. To największe wyzwanie w historii ludzkości – wznieść się ponad własne wymówki, robić to, co należy, dać z siebie wszystko i żyć tak, jak pragniemy, na tym wymarzonym dziesiątym poziomie – bez żadnych ograniczeń. Niestety niewielu osobom jest to pisane.

Większość nawet nigdy się nie zbliża do tego poziomu. Około 95% społeczeństwa poprzestaje na małym, godzi się na dużo mniej, niż rzeczywiście chciałoby w życiu osiągnąć. Marzy o tym, by mieć więcej, żyje w ciągłym rozgoryczeniu i nigdy nie zrozumie, że można zmienić swoje życie i robić czy mieć rzeczy, których się pragnie.

Według ośrodka do spraw pomocy społecznej ze 100 osób u progu kariery zawodowej po 40 latach pracy (do momentu przejścia na emeryturę) tylko jedna będzie bogata; o czterech będzie można powiedzieć, że osiągnęły bezpieczeństwo finansowe; pięć wciąż będzie pracowało (nie z powodu chęci, ale z przymusu); 36 będzie już martwych, a 54 staną się bankrutami na łasce przyjaciół, rodziny, krewnych lub opieki społecznej.

Przeliczając, tylko 5% osiągnie sukces, żyjąc jako wolni i szczęśliwi ludzie, a dla 95% życie będzie nieustanną walką.

A teraz rozstrzygające pytanie, na które każdy z nas musi sobie odpowiedzieć: co możemy teraz zrobić, aby mieć pewność, że nie skończymy, szarpiąc się z życiem jak 95% populacji?

Jak wznieść się ponad przeciętność i dołączyć do grona 5% szczęśliwców

To, że czytasz tę książkę, jest znamienne. Mówi mi, że jesteś gotów na decydujący krok w swoim życiu i przejście na kolejny poziom, że nie zamierzasz poprzestać na tym, co masz, co robisz i kim jesteś, tylko dlatego, że większość z nas tak właśnie postępuje.

Przedstawiam ci trzy proste, a jednak decydujące kroki, które pomogą ci się wznieść ponad przeciętność i dołączyć do 5% wybrańców losu.

Krok 1: Przyjmij do wiadomości prawdę na temat 95%

Po pierwsze, musisz zrozumieć i uświadomić sobie fakt, że 95% społeczeństwa nigdy nie będzie żyła tak, jak tego pragnie. Przyjmij to za pewnik, że jeśli od razu nie zaczniesz myśleć i żyć inaczej niż większość ludzi, to planujesz dla siebie nijakie życie, ciągłą walkę, zgodę na klęski i zgorzknienie – czyli wszystko to, co jest udziałem większości społeczeństwa. Jeżeli natychmiast nic z tym nie zrobisz i nie pokażesz innym, do czego jesteś zdolny, gdy w pełni realizujesz swój potencjał, szarzyzna życia stanie się też udziałem twoich przyjaciół, rodziny i kolegów.

Bycie przeciętniakiem oznacza zgodę na mniej, niż naprawdę chcesz i jesteś w stanie osiągnąć oraz szarpaninę przez całe życie. Każdego dnia większość ludzi godzi się z losem i walczy o swoje. Walczy na tylu różnych frontach: zdrowotnym, psychicznym, emocjonalnym, finansowym i wielu innych. Lwia część społeczeństwa budzi się co rano i próbuje wyszarpnąć dla siebie cząstkę sukcesu, szczęścia, spełnienia w miłości, zdrowia i bezpieczeństwa finansowego, których dla siebie pragnie.

Fakty, które musisz wziąć pod uwagę

- **Zdrowie.** Panuje epidemia otyłości. Rośnie liczba potencjalnie śmiertelnych chorób, takich jak rak czy choroby serca. Statystyczny obywatel jest wyczerpany i przemęczony, jego poziom energii znajduje się wciąż na niebezpiecznie niskim poziomie. Większość nie jest w stanie wykrzesać z siebie zapału, który pozwoliłby im przeżyć kolejny dzień bez kilku filiżanek kawy lub napojów energetyzujących. Popularność tego drugiego produktu jest kolejnym dowodem na to, jak bardzo ludzie się szamoczą, aby utrzymać się na powierzchni.
- **Psychika i emocje.** Zażywamy coraz więcej leków na receptę, które mają nam pomóc w zwalczaniu rozmaitych psychicznych i emocjonalnych zaburzeń, takich jak depresje i różne lęki. Wystarczy włączyć telewizor, aby natychmiast trafić na reklamę jakichś leków. Z reguły występuje w nich doskonale wyglądająca para w średnim wieku z psem, która puszcza na plaży latawiec. Po chwili odzywa się głęboki męski głos i z szybkością karabinu maszynowego wymienia symptomy, po czym następuje lista możliwych skutków ubocznych: „Czy czujesz się czasem zmęczony, smutny, przygnębiony, masz nadwagę, a może czujesz się nieszczęśliwy z jakiegoś innego powodu? Czy byłbyś skłonny zapłacić, aby pozbyć się tych niechcianych uczuć? Mam dla ciebie dobrą wiadomość – lek XYZ będzie dla ciebie idealny! Uwaga: może wywoływać skutki uboczne, takie jak wzdęcia, zatwardzenia, zawroty głowy, suchość w ustach, łupież, bezsenność, narkolepsję i wiele innych, o wiele gorszych od tego, na co ma ci pomóc. Tak więc nie zwlekaj – jeszcze dziś zadzwoń do nas!".
- **Związki z ludźmi.** Jest rzeczą powszechnie wiadomą, że przez współczesny świat zachodni przetacza się fala rozwodów – rozpada się jedno z dwóch zawartych małżeństw. Innymi słowy, roz-

wodzi się połowa zakochanych par, które w obecności rodziny i przyjaciół ślubują być ze sobą – przypominam – na dobre i na złe. Mama i tata, dwoje najbliższych mi ludzi, rozwiedli się niedawno, spędziwszy ze sobą ponad 30 lat. Szarpanina w związkach to chleb powszedni.

- **Finanse.** Amerykanie mają więcej indywidualnych długów niż kiedykolwiek w historii. Większość ludzi nie zarabia aż takich pieniędzy, jakby chciała. Za to żyją ponad stan: za dużo wydają, nie starają się oszczędzać, tylko jakoś związać koniec z końcem.

Wiemy, że większość ludzi żyje grubo poniżej swoich możliwości, nie wykorzystując w pełni własnego potencjału. Gdy już przetrawisz ten fakt, przyjrzyj się temu, dlaczego tak się szamoczą i zgadzają na miernotę własnego życia.

Krok 2: Rozpoznaj przyczyny miernoty

Kiedy przyjmiesz już do wiadomości, że 95% społeczeństwa godzi się na mniej, niż jest w stanie osiągnąć, boryka się z losem niemal w każdej sferze swojego życia i nie wie, co to sukces, szczęście czy wolność, o jakich marzy, następnym ważnym krokiem będzie zrozumienie, dlaczego tak się dzieje. Jeżeli nie chcesz, by ciebie też to spotkało, musisz się dowiedzieć, co sprawia, że statystyczny człowiek zaczyna wieść nijakie życie.

Gdy zapytasz przeciętną osobę – 40–50-letnią, która stara się być szczęśliwa i płacić wszystkie rachunki – czy tak to sobie zaplanowała, czy taki miała pomysł na życie, jak sądzisz, co ci odpowie? Czy wymarzyła sobie, że życie ma być nieustanną walką? Oczywiście, że nie! I to, przyjacielu, jest w tym najbardziej przerażające.

Skoro 95% społeczeństwa nie żyje tak, jak chciało, musisz dociec, co zrobili źle lub czego nie zrobili dobrze, żebyś i ty nie skończył podobnie.

Nie chcesz przecież, by twoje życie było szarpaniną. Pragnę w życiu wolności – chcę decydować, gdzie się budzę, co robię, czego chcę, kiedy i z kim. Chcę codziennie wstawać z łóżka i kochać swoje życie. Chcę kochać swoją pracę i ludzi, z którymi jestem związany. To moja definicja sukcesu. Takie życie nie zdarza się ot tak, po prostu. Trzeba je zaprojektować. Jeśli chcesz, by twoja rzeczywistość była niezwykła, a ty sam był jej autorem, musisz rozpoznać podstawowe przyczyny bylejakości życia, aby umieć się przed nimi obronić i nie pozwolić się obrabować z tego, czego pragniesz.

Poniżej znajdują się najważniejsze według mnie przyczyny miernoty życia i niewykorzystanego potencjału wraz ze wskazówkami, jak można je zwalczyć. To właśnie one mają i wciąż będą mieć największy negatywny wpływ na życie każdego z nas.

Przyczyny miernoty życia (i twoje odpowiedzi na nie)

- **Syndrom lusterka wstecznego.** Jedną z najbardziej rujnujących przyczyn miernoty życia jest pewna przypadłość, którą nazywam syndromem lusterka wstecznego. Nasza nieświadomość posługuje się zniekształcającym widok lusterkiem wstecznym, za pomocą którego nieustannie wskrzeszamy i na nowo przeżywamy to, co już minęło. Mylnie stawiamy znak równości między tym, kim byliśmy, a tym, kim jesteśmy. W ten sposób, opierając się na przeszłych ograniczeniach, nakładamy gorset na nasz obecny, prawdziwy potencjał.

  W rezultacie każdy nasz wybór filtrujemy przez pryzmat przeszłych doświadczeń – od godziny, kiedy rozpoczynamy dzień, poprzez cele, jakie sobie stawiamy, aż po to, co uważamy w życiu za możliwe. Chcemy dla siebie lepszej rzeczywistości, jednak często nie wiemy, jak miałaby ona właściwie wyglądać.

  Badania pokazują, że przeciętny człowiek ma 50–60 tys. myśli dziennie. Problem polega na tym, że 95% z nich się powtarza: przyszły mu do głowy także wczoraj, przedwczoraj i tydzień temu. Nic więc dziwnego, że większość ludzi żyje dzień za dniem, miesiąc za miesiącem, rok za rokiem i w ich życiu nic się nie zmienia na lepsze.

  Taszczymy nasze stresy, lęki i troski z przeszłości w teraźniejszość niby stare, zniszczone bagaże. Gdy pojawiają się jakieś nowe możliwości, szybko zerkamy we wsteczne lusterko, aby ocenić dawne predyspozycje. „Nie, nigdy czegoś takiego nie robiłem. Nigdy nie zaszedłem tak daleko. Szczerze mówiąc, ani razu mi się nie udało".

Gdy spotyka nas jakieś nieszczęście, znów patrzymy w niezawodne lustereczko, żeby nam podpowiedziało, jak powinniśmy zareagować. „Jasne, już takie moje pieskie szczęście. Zawsze mnie spotyka taki gówniany pech. Powinienem dać sobie spokój – to najlepsze, co mogę zrobić, gdy wszystko się wali".

Jeśli chcesz wyrwać się z przeszłości i wyjść poza swoje ograniczenia, musisz przestać polegać na lusterku wstecznym i wyobrazić sobie życie pełne nieskończonych możliwości. Weź sobie do serca następujący model myślenia: „moja przeszłość to nie to samo co przyszłość". Staraj się wzbudzić w sobie pewność, że nie tylko wszystko jest możliwe, ale że właśnie ty dasz radę to osiągnąć. Na początku nie musisz w to nawet wierzyć. To zresztą więcej niż pewne, że nie uwierzysz. Możesz się wstydzić i stawać okoniem. Nic nie szkodzi. Powtarzaj to sobie głośno, a do twojej podświadomości zaczną przenikać pozytywne samoafirmacje. (Więcej na ten temat opowiem ci w rozdziale 6).

Nie stawiaj swoim pragnieniom niepotrzebnych ograniczeń. Myśl z większym rozmachem, niż pozwalałeś sobie na to do tej pory. Gdy będziesz miał pewność, na czym ci naprawdę zależy, postaraj się uwierzyć, że to możliwe. Skupiaj się na swoim celu i potwierdzaj go co dnia, a później konsekwentnie podążaj za tą wizją, aż się urzeczywistni. Nie ma się czego bać, ponieważ nie możesz przegrać – możesz jedynie czegoś się nauczyć, dojrzeć, stać się kimś lepszym niż wcześniej.

Zawsze pamiętaj, że punkt, w którym się znajdujesz, jest skutkiem tego, kim byłeś, lecz to, dokąd zmierzasz, zależy całkowicie od tego, kim chcesz być, czyli tylko od chwili obecnej.

- **Brak celu.** Jeżeli zapytasz przeciętną osobę o jej cel życia, spojrzy na ciebie jak na wariata albo odpowie coś w rodzaju „O rety, a bo ja wiem". A jeżeli zapytam ciebie? Co byś odpowiedział? Przeciętny człowiek nie potrafi sformułować swojego celu życiowego – tego intrygującego „dlaczego", które popycha go, aby wstać co rano i wziąć się do wypełniania swoje życiowej misji.

Przeciętny człowiek żyje raczej z dnia na dzień i nie ma żadnego wyższego celu poza samym przetrwaniem. Większość ludzi idzie po najmniejszej linii oporu, goniąc za chwilowymi, przelotnymi przyjemnościami oraz unikając bólu i jakiejkolwiek niewygody, które dałyby im impuls do rozwoju.

Choć wielokrotnie udało mi się pobić rekordy sprzedaży, przez sześć z siedmiu lat mojej kariery toczyłem uciążliwą walkę z miernością i traciłem więcej, niż zdobywałem. Miałem zmienne wyniki, choć stać mnie było na więcej. Z uporem akceptowałem jednak tę sytuację, dopóki nie odkryłem sekretu, jak pokonać mierność, i nie nadałem swojemu życiu celu.

Po tym jak trafiłem do galerii sław w swojej firmie, czułem się gotów, by realizować marzenia o karierze pisarza, mówcy i coacha. Ale przecież pracując w firmie, nigdy nie dałem z siebie wszystkiego. Miałem ją opuścić przekonany o swojej bylejakości? Wiedziałem, że dopóki czegoś z tym nie zrobię, problem będzie nade mną wisiał przy każdym kolejnym przedsięwzięciu.

Aż do tamtej pory nie miałem jakiegoś sprecyzowanego celu życiowego, który by mnie skłaniał do wstawania co rano, nawet gdy mi się nie chciało. Nie miałem żadnej gwiazdy przewodniej, która by mną pokierowała nawet wówczas, gdy nie potrzebowałem pieniędzy. W tamtym momencie postanowiłem, że moim celem na następne 12 miesięcy będzie: stać się osobą, jaką muszę być, aby osiągnąć sukces i poziom życia, na jakim mi naprawdę zależy oraz zakosztować wolności. Połączyłem ten cel z innym (tak, możesz mieć ich więcej) – chciałem bezinteresownie wnosić wartość w życie innych. W tym celu utworzyłem grupę 16 sprzedawców i przez kolejne 46 tygodni prowadziłem dla nich cotygodniowe szkolenia, które miały ich wspierać w dążeniu do celu. Oczywiście spotkania te były bezpłatne.

Zawarłem sojusz z tymi dwoma celami i każdego dnia bez przerwy działałem z nimi w zgodzie, kierując w ich stronę wszystkie swoje myśli, słowa i działania. Ten rok okazał się najlepszy w mojej karierze (94-procentowy wzrost w stosunku do poprzedniego najlepszego), a oprócz tego mój zespół osiągnął najlepszy wynik sprzedażowy w pięćdziesięcioletniej historii firmy.

Aby zwalczyć mierność w zarodku, potrzebujesz życiowego celu, którym może być każde dążenie, jakie tylko przyjdzie ci do głowy. Na razie to może być coś, co skłoni cię, abyś rano wstał i przeżył dzień w zgodzie z tą ideą. Oczywiście zdaję sobie sprawę z tego, że namawianie cię, abyś z miejsca nadał swojemu życiu cel, może się wydać przesadne. Po prostu pamiętaj, że musisz go sobie postawić i na początek to może być coś małego i prostego (np. „Będę się częściej uśmiechał, aby wnieść trochę radości w życie swoje i innych" albo „Będę pytał każdą napotkaną osobę, w czym mogę jej pomóc, a w ten sposób wniosę wartość w życie innych"). To będzie twój pierwszy krok w kierunku większego życiowego celu.

Pamiętaj też, że swój cel życiowy możesz zmienić, kiedy tylko będziesz chciał. Ty się rozwijasz i zmieniasz, a z tobą ewoluuje twój cel. Najistotniejsze, abyś w ogóle wybrał jakiś – jakikolwiek – i zaczął żyć zgodnie z nim, nie odkładając go na później. Możesz sobie nawet pożyczyć jeden z celów, które ci właśnie podrzuciłem. (Korzysta z nich wielu moich klientów).

Miej na uwadze, że nie masz sobie tego celu „wytrząsnąć z rękawa", musisz go wynaleźć, stworzyć, sam zdecydować, co to ma być. W swojej bestsellerowej książce *Życie w rytmie marzeń* Matthew Kelly wskazuje nam pewien uniwersalny cel życiowy i wydaje mi się, że wszyscy powinniśmy się go trzymać: stać się lepszą wersją samych siebie. Innymi słowy, skoncentruj się na własnym rozwoju i z całych sił staraj się być najlepszy, podążaj za swoimi marzeniami i zachęcaj innych do tego samego. To też może być twój cel.

W tym tygodniu przeznacz jakiś czas na zastanowienie się, czego w życiu chcesz i sformułuj swój cel życiowy. Zapisz go w takim miejscu, abyś go codziennie widział. Zresztą będziesz miał na to czas podczas swojej praktyki *Miracle Morning*.

Nigdy nie zapominaj, że gdy twój cel jest większy niż osobiste problemy, same problemy stają się relatywnie mniej ważne i z łatwością je pokonasz.

- **Izolowanie zdarzeń**. Jedną z najbardziej rozpowszechnionych, choć mniej oczywistych, przyczyn mierności życia jest izolowanie zdarzeń. Robimy to wówczas, gdy mylnie zakładamy, że nasz każdy wybór, każde indywidualne działanie ma wpływ wyłącznie na daną chwilę, na te konkretne okoliczności. Na przykład, możesz pomyśleć, że świat się nie zawali, jeśli pominiesz ćwiczenia, odłożysz na później jakiś projekt albo zjesz fast fooda, ponieważ jutro „się poprawisz". Popełniasz jednak błąd, sądząc, że pominięcie tego ćwiczenia rzutuje wyłącznie na daną chwilę i następnym razem dokonasz lepszego wyboru.

  Nic bardziej mylnego.

  Musisz sobie zdać sprawę z tego, że konsekwencje twoich wyborów i działań – a nawet myśli – są ogromne, ponieważ każda pojedyncza myśl, wybór i czyn determinuje to, kim się stajesz, a ostatecznie to właśnie decyduje o jakości twojego życia. Jak ujął to T. Harv Eker w swoim bestsellerze *Bogaty albo biedny. Po prostu różni mentalnie**: „Tak jak robisz cokolwiek, robisz wszystko". Za każdym razem, gdy robisz rzecz łatwą, a nie słuszną, kształtujesz swoją tożsamość i stajesz się typem człowieka, który robi to, co jest łatwe zamiast tego, co jest słuszne.

  Z drugiej strony, gdy postanawiasz zrobić rzecz słuszną i wypełnić swoje zobowiązania – zwłaszcza jeśli nie masz na to ochoty – rozwijasz u siebie niezwykłą dyscyplinę (nieosiągalną dla większości ludzi), absolutnie niezbędną, jeśli chcesz zrobić w swoim życiu coś naprawdę niezwykłego. Mój dobry przyjaciel, Peter Voogd, często mówi do swoich klientów: „Styl życia rodzi się z dyscypliny".

* T. Harv Eker, *Bogaty albo biedny. Po prostu różni mentalnie*, Studio EMKA, Warszawa 2012.

Wyobraź sobie, że dzwoni budzik. Większość ludzi błędnie zakłada, że przyciskając guzik „drzemka" (łatwa rzecz), wpływa wyłącznie na daną chwilę. W rzeczywistości tego rodzaju działanie programuje naszą podświadomość, która dostaje instrukcję, że to w porządku i wcale nie trzeba robić rzeczy, które sami zaplanowaliśmy. (Więcej na ten temat znajdziesz w następnym rozdziale).

Musimy przestać izolować zdarzenia i zacząć na nie patrzeć w szerszym kontekście. Przyjmij do wiadomości, że na to, kim się stajesz, ma wpływ wszystko, co robisz, a od tego ostatecznie zależy, jakie życie masz przed sobą. Gdy dostrzeżesz te wszystkie zależności, zaczniesz traktować budzik nieco poważniej. Być może następnym razem patrząc rano na przycisk „drzemka", pomyślisz: Chwileczkę, nie chcę być kimś takim, człowiekiem, który nie potrafi się wziąć w karby, żeby wstać rano z łóżka. W tej chwili wstaję, ponieważ sobie postanowiłem, że ______________ (wcześnie wstanę, mam pewne cele do zrealizowania, chcę spełnić swoje marzenia itp.).

Zawsze pamiętaj, że to, kim się stajesz, jest o wiele ważniejsze od tego, co robisz, a jednak to, co robisz, determinuje, kim się stajesz.

- **Brak odpowiedzialności.** Istnieje ewidentny związek pomiędzy sukcesem a odpowiedzialnością. W gruncie rzeczy wszyscy, którzy daleko zaszli – od dyrektorów, przez zawodowych sportowców, po prezydenta Stanów Zjednoczonych – są ludźmi w wysokim stopniu odpowiedzialnymi. Odpowiedzialność daje im siłę, jakiej potrzebują do podjęcia działań, nawet wtedy, gdy nie mają na to ochoty. Bez tego mielibyśmy mnóstwo sportowców odpuszczających sobie treningi i dyrektorów grających całymi dniami na swoich iPhonach w *Words with Friends*. Jestem pewien, że niektórzy i tak to robią (mnie też się od czasu do czasu zdarza), lecz byłoby ich o wiele więcej.

Odpowiedzialność to bycie odpowiedzialnym wobec kogoś za jakieś działanie lub jego skutki. W świecie i w twoim życiu dzieje się naprawdę niewiele rzeczy, z którymi nie wiązałaby się żadna odpowiedzialność. Właściwie wszystko, co dobrego zdarzyło się w twoim i moim życiu od urodzenia do ukończenia osiemnastu lat, zawdzięczamy odpowiedzialności dorosłych, którzy się o nas troszczyli (rodziców, nauczycieli, szefów itd.). Jedliśmy warzywa, odrabialiśmy lekcje, myliśmy zęby, kąpaliśmy się i kładliśmy spać o odpowiedniej porze. Gdyby nasi rodzice i nauczyciele nie czuli się za nas odpowiedzialni, bylibyśmy kiepsko wykształconymi, niedożywionymi i niewyspanymi brudnymi dzieciakami! Jak ci się podoba takie ujęcie tego problemu?

Odpowiedzialność wnosi do naszego życia porządek i pozwala nam się rozwijać, doskonalić oraz osiągać wyniki, co w innym przypadku nie byłoby możliwe. I tu jest pies pogrzebany: odpowiedzialność nigdy nie była wartością, o którą zabiegaliśmy, ale raczej czymś, co musieliśmy znosić jako dzieci, nastolatkowie i młodzi ludzie. Dorośli jej do nas zmuszali, więc większość z nas podświadomie jej nienawidziła i starała się przeciwstawić. Aż wreszcie, gdy osiągnęliśmy pełnoletniość, zachłysnęliśmy się wolnością, nadal unikając odpowiedzialności jak zarazy i kontynuując haniebny upadek w bylejakość. Pielęgnowaliśmy szkodliwe nastawienia i nawyki, takie jak lenistwo, uchylanie się od obowiązków oraz wybieranie drogi na skróty, które tworzą naprawdę kiepską receptę na sukces.

Teraz, gdy jesteśmy dorośli i chcemy czerpać satysfakcję z życia na odpowiednim poziomie, musimy być mądrzejsi i sami wypracować receptę na solidność (albo wrócić do rodziców). Tą receptą może być twój osobisty doradca, mentor, a nawet przyjaciel lub członek rodziny. Prawda jest taka, że statystycznie rzecz ujmując, 95% ludzi nie wprowadza w życie tego, czego dowiedzieli się podczas lektury, ponieważ nie mają nikogo, kto by ich z tego rozliczył. Ale jest sposób, by to zmienić.

- **Postaraj się o współodpowiedzialnego partnera (bardzo zalecane)**. Czy zdarzyło ci się kiedyś zrezygnować z biegania albo nie pójść na siłownię, chociaż to sobie zaplanowałeś, bo ci się nie chciało? Jasne, wszyscy mamy to na sumieniu. A co się dzieje wtedy, gdy wiesz, że ktoś na ciebie liczy, czeka na ciebie na siłowni albo przy trasie, po której biegacie? Czy nie będzie ci łatwiej zrealizować swojego zamiaru, kiedy będziesz miał świadomość, że coś komuś obiecałeś?

Gorąco namawiam, aby podczas czytania tej książki znaleźć sobie współodpowiedzialnego partnera. To może być przyjaciel, koleżanka z pracy lub ktoś z rodziny, z kim będziesz się dzielił swoją praktyką. Skieruj tę osobę na MiracleMorning.com, gdzie będzie mogła skorzystać z intensywnego kursu *Miracle Morning* (znajdzie tam dwa rozdziały tej książki oraz materiały audio i wideo zupełnie za darmo). W ten sposób zyskasz kogoś, kto również chciałby udoskonalić swoje życie i razem będziecie mogli się wspierać, zachęcać i zdawać sobie relację z własnych postępów.

Możesz również zawiesić zaproszenie na swoim facebookowym profilu lub wysłać je do szczególnie aktywnych członków społeczności *Miracle Morning* na www.MyTMMCommunity.com. Możesz napisać coś w rodzaju: „Poszukuję osoby, która pragnie poprawić swoje życie i zechciałaby być moim współodpowiedzialnym partnerem podczas »Trzydziestodniowego kursu przemiany *Miracle Morning*«. Wejdź na stronę www.MyTMMCommunity.com i daj mi znać, jeżeli jesteś zainteresowany". Pamiętaj o tym, że osoba, która odpowie na twoje wezwanie to ktoś, kogo na pewno chciałbyś mieć w swoim gronie!

Namawiam cię, abyś się zobowiązał, że już dziś skontaktujesz się z przyjacielem i poprosisz go, by towarzyszył ci w tej przygodzie, przeczytał z tobą tę książkę i został twoim współodpowiedzialnym partnerem podczas „Trzydziestodniowego kursu przemiany *Miracle Morning*" (rozdział 10). Albo odwiedź społeczność *Miracle Morning* na www.MyTMMCommunity.com, nawiąż kontakt z grupą cudotwórców i znajdź swojego idealnego współodpowiedzialnego partnera.

- **Klub przeciętniaków**. Badania pokazują, że na dobrą sprawę stajemy się podobni do mniej więcej pięciu osób, z którymi spędzamy najwięcej czasu. A więc człowiek, z którym najdłużej przebywasz, może mieć zasadniczy wpływ na to, kim będziesz, i pośrednio decydować o jakości twojego życia. Jeżeli otaczasz się leniwymi, niezbyt mądrymi i wciąż szukającymi wymówek ludźmi, najprawdopodobniej będziesz taki sam jak oni. Spędzaj więc czas z ludźmi pozytywnie nastawionymi do życia, a masz jak w banku, że ich postawa i dobre nawyki zostawią w tobie ślad. Stopniowo będziesz się upodabniał do tych osób.

To sprawdza się w każdej dziedzinie – bez względu na to, czy chodzi o kwestie zdrowotne, poczucie szczęścia, dochody, sukces zawodowy czy wagę. Jeżeli twoi przyjaciele są optymistami i ludźmi ogólnie mówiąc szczęśliwymi, wtedy i ty z pewnością będziesz się czuł szczęśliwy i optymistycznie patrzył na życie, wyłącznie dlatego, że przebywasz w ich towarzystwie. Jeśli twoi przyjaciele są ludźmi sukcesu i ich dochody przekraczają 100 000 dolarów rocznie, a ty, wchodząc w te kręgi, zarabiałeś o wiele mniej, to automatycznie zaczniesz myśleć podobnie jak oni, nabierać podobnych nawyków i równać do ich poziomu.

I na odwrót, jeżeli większość ludzi, z którymi utrzymujesz kontakty, bez przerwy się na coś uskarża, a przysłowiowa szklanka jest dla nich do połowy pusta, jest duże prawdopodobieństwo, że ty też taki będziesz. Jeśli twoi przyjaciele nie starają się w żaden sposób poprawić swojego losu lub walczą, aby jakoś związać koniec z końcem, nie będą dla ciebie wzorem i nie zainspirują cię do odmiany życia.

Niestety, mnóstwo osób próbuje się wyrwać z beznadziei, jednak ci, którymi się otaczają, wciąż ich hamują i sprowadzają z powrotem na ziemię. Sytuacja jest szczególnie trudna i delikatna, jeżeli ci ludzie są twoją rodziną. Jeśli zależy ci na tym, by stać się kimś lepszym, niż jesteś, musisz być stanowczy i starać się mniej przebywać z tymi, którzy cię nie mobilizują.

Szukaj ludzi, którzy w ciebie wierzą, podziwiają i mogą ci pomóc dotrzeć tam, gdzie pragniesz się znaleźć. Aby przyciągnąć do siebie wartościowe osoby, które chciałbyś mieć w swoim gronie, musisz ich aktywnie poszukiwać. Nie możesz liczyć, że zjawią się w twoim życiu przypadkiem – to się rzadko zdarza. Poniżej podpowiadam ci, jak możesz to zrobić.

- Możesz dołączyć do jakiejś społeczności internetowej, np. Meetup.com, gdzie nawiążesz kontakt z ludźmi myślącymi podobnie i o zbliżonych zainteresowaniach. Możesz się przyłączyć do już istniejącej grupy lub założyć własną.
- Jeżeli jesteś właścicielem firmy albo fachowcem, który wprowadza na rynek określony produkt bądź usługę, możesz dołączyć w sieci do grupy biznesowo-marketingowej (największa z nich to BNI – www.bni.com). Sam przez wiele lat byłem członkiem takiej społeczności i bardzo mi pomogła w rozkręceniu własnego biznesu, więc zawsze polecam ten pomysł innym.
- Jeśli jeszcze się uczysz – chodzisz do liceum, gimnazjum, podstawówki, a może studiujesz – mocno cię namawiam, byś dołączył do Boys & Girls Clubs of America (Amerykańskie Kluby dla Dziewcząt i Chłopców). Na stronie www.bcga.org możesz wybierać spośród 4000 lokalnych klubów. To jedna z najlepszych organizacji dla młodych ludzi, która pomaga im w karierze. Misją klubów jest pomaganie wszystkim młodym ludziom – a zwłaszcza tym, którzy najbardziej tego potrzebują – w rozwinięciu własnego potencjału, aby stali się użytecznymi i odpowiedzialnymi obywatelami. Do klubów należeli: Denzel Washington, Adam Sandler, Jennifer Lopez i Shaquille O'Neal. Jeśli zależy ci na osiągnięciu sukcesu, warto pójść w ich ślady.
- Jak już wspomniałem, tworzymy wyjątkową interaktywną społeczność, do której możesz się przyłączyć na stronie internetowej www.MyTMMCommunity.com. Jesteśmy pozytywnie nastawieni do wszystkich i chętnie się wspieramy. Tam będziesz mógł nawiązać liczne kontakty z ludźmi, którzy starają się doskonalić siebie i swoje życie oraz wzajemnie się wspierają.

Często się mówi, że „niedola lubi towarzystwo", ale to samo da się powiedzieć o miernocie. Nie pozwól, aby cudze lęki, poczucie zagubienia i ograniczone horyzonty obniżały twoje loty. Niech twoim najważniejszym postanowieniem będzie aktywne i nieustanne kształtowanie grona swoich znajomych. Zawsze szukaj ludzi, którzy wniosą wartość w twoje życie i wydobędą z ciebie najlepsze cechy. I rzecz jasna, bądź takim człowiekiem dla innych.

To kolejny dobry powód, aby poprosić przyjaciela, współpracownika lub kogoś z rodziny, by został twoim współodpowiedzialnym partnerem i razem z tobą praktykował *Miracle Morning*. Pomagając im w ich rozwoju osobistym, wnosisz wartość w ich życie, a oni z kolei będą mieli lepszy wpływ na ciebie.

- **Brak rozwoju osobistego.** Jim Rohn należy do grona moich największych mentorów i przejąłem od niego wiele fundamentalnych mądrości. W moim mniemaniu nic nie przebije idei, zgodnie z którą poziom naszych sukcesów rzadko przewyższa poziom naszego osobistego rozwoju, ponieważ sukces przyciągamy dzięki temu, kim się stajemy. Innymi słowy, poziom twojego sukcesu – w każdej sferze życia – rzadko przewyższy poziom twojego osobistego rozwoju (czyli wiedzy, umiejętności, przekonań, nawyków itp.), a przeważnie biegnie równolegle z nim.

Już wcześniej dotknęliśmy tego zagadnienia, ale jeszcze do niego wróćmy. Jeśli ty i ja mierzymy poziom naszych sukcesów w różnych dziedzinach życia (zdrowie, dochody, relacje z ludźmi itd.) w skali od jednego do dziesięciu, oboje pragniemy sukcesu na dziesiątym poziomie, prawda? Myślę, że się tutaj zgadzamy.

No dobrze. Problem polega na tym, że większość z nas nie inwestuje codziennie swojego czasu w rozwój osobisty, aby stać się człowiekiem z dziesiątego poziomu, bo tylko ktoś taki jest w stanie przyciągnąć, wywindować i utrzymać sukces na podobnym poziomie. W rezultacie walczymy w pocie czoła, aby osiągnąć ten upragniony stopień zdrowia, szczęścia, energii, miłości oraz sukcesu osobistego i zawodowego.

Podczas „Trzydziestodniowego kursu przemiany *Miracle Morning*" (rozdział 10) uzyskasz dostęp do zestawu *Szybki start* i przejdziesz proces oceny skali swojego sukcesu w każdej sferze życia. Proces ten może być czasami bolesny, ale też radosny i wyzwalający.

Po tym, gdy już osiągniesz w tej kwestii pełną jasność i zyskasz świadomość tego, na co cię na razie stać, będziesz mógł przejść dalej: wyklarować swoją wizję dziesiątego poziomu dla każdej sfery życia i trafnie określić kolejne cele. Dopiero wówczas będziesz mógł zrobić znaczące i szybkie postępy w dążeniu do doskonałości.

Pamiętaj, że niezwykłe życie jest dla ciebie absolutnie osiągalne, a twoja przeszłość nie ma kompletnie żadnego znaczenia. Musisz tylko rozwinąć się na tyle, aby sprostać temu wyzwaniu – zbudowaniu dla siebie życia, o jakim marzysz i jakim będziesz potrafił żyć.

Miracle Morning pomoże ci stać się tym człowiekiem z dziesiątego poziomu, którym musisz być, aby łatwo i konsekwentnie osiągnąć i utrzymać sukces na upragnionym dziesiątym poziomie w każdej – tak, każdej – sferze swojego życia.

Nie zapomnij, że jeśli nie wygospodarujesz czasu na swój rozwój osobisty, w końcu zostaniesz zmuszony, aby go znaleźć na ból i codzienną szarpaninę. *Miracle Morning* da ci czas na to, co najważniejsze – własny rozwój.

- **Brak palącej potrzeby**. Zapewne najbardziej znaczącym powodem miernoty życia i niewykorzystanego potencjału jest fakt, że większość ludzi nie czuje prawdziwej potrzeby, aby się doskonalić, a przez to zmieniać swoje życie na lepsze. Skutkiem tego 95% społeczeństwa żyje byle jak, a nie tak, jak naprawdę by tego chciało. W ludzkiej naturze leży nastawienie typu „może kiedyś" i przekonanie, że „wszystko się samo ułoży". Jak to wygląda w praktyce?

Takie nastawienie zawsze prowadzi do odkładania wszystkiego na później, niewykorzystywania swoich możliwości i żalu za przeszłością. Pewnego dnia budzisz się i zastanawiasz, o co, u licha, chodzi, jak to się stało, że twoje życie kończy się właśnie w ten sposób? Ty masz tak skończyć?

To najsmutniejsza rzecz pod słońcem: żyć z poczuciem żalu i świadomością, że mogłeś być kimś lepszym, dokonać więcej i mieć więcej, jednak nic w tym kierunku nie zrobiłeś.

Zapamiętaj następującą prawdę: obecna chwila jest ważniejsza niż jakakolwiek inna w twoim życiu, ponieważ to, co robisz dzisiaj, decyduje o tym, kim się staniesz, a dopiero to określi jakość i kierunek twojego życia.

Jeżeli dziś nie postanowisz, że zaczniesz nad sobą pracować, bo chcesz się stać kimś, kto zbuduje dla siebie życie, jakiego naprawdę pragnie, to kiedy to zrobisz? Jutro? W przyszłym tygodniu? Za miesiąc? Za rok? Czy będziesz wtedy inny? Nie będziesz. Właśnie dlatego musisz wyznaczyć sobie granicę.

Krok 3: Wyznacz sobie granicę

Pewnie już do ciebie dotarło, że życie 95% ludzi jest nieustanną szarpaniną i jeśli nie zaczniesz myśleć, tudzież żyć, inaczej niż ta większość, skończysz dokładnie tak samo. Poznałeś też przyczyny miernoty i musisz je sobie uświadomić, żeby wiedzieć, jak ich uniknąć. Trzecim niezbędnym krokiem jest wyznaczenie swojej granicy. Zdecyduj, co od dzisiaj zaczniesz robić inaczej.

Nie od jutra, nie od przyszłego tygodnia ani miesiąca. Dzisiaj musisz podjąć decyzję o koniecznych zmianach, dzięki czemu będziesz miał gwarancję, że uda ci się zaplanować życie, jakiego naprawdę chcesz. Aby wznieść swój osobisty i zawodowy sukces na poziom, na jakim jeszcze nigdy nie byłeś, twoja decyzja musi być absolutnie autentyczna. Czy jesteś gotów ją podjąć?

Zmiana następuje od tego dnia, kiedy postanowisz, że nie zgadzasz się na bylejakość swojego życia. Kiedy zdasz sobie sprawę z tego, że dzisiaj jest ten najważniejszy dzień w twoim życiu. Kiedy zadecydujesz, że chwila obecna liczy się bardziej niż jakakolwiek inna, ponieważ twoje decyzje i działania determinują, kim się stajesz każdego dnia, a tym samym, kim będziesz przez resztę swojego życia.

Wszyscy są podatni na miernotę, bo bycie miernym oznacza, że decydujemy się być tacy sami jak zawsze i nie ma znaczenia, czy to świadoma decyzja czy odruch. Miernota nie ma związku z porównywaniem się do innych; bierze się z braku decyzji, żeby się rozwijać i doskonalić. Natomiast bycie kimś niezwykłym, które prowadzi do niezwykłych osiągnięć, wynika z postanowienia, aby się rozwijać i codziennie być kimś odrobinę lepszym niż poprzedniego dnia.

Każdy z nas nie raz doświadczył żalu za przeszłością, który bierze się stąd, że nie wykorzystujemy w pełni swoich możliwości. Dni nieuchronnie przechodzą w tygodnie, tygodnie w miesiące, a miesiące w lata i jeśli od razu nie zaczniemy poprawiać siebie i swoich działań, wówczas sami jesteśmy sobie winni, że czeka nas marne życie i smutek płynący z niewykorzystanych szans.

Prawda jest taka, że jeśli nie zmienisz się teraz, twoje życie też się nie zmieni. Jeżeli nie staniesz się lepszy, twoje życie też nie stanie się lepsze. I jeśli nie będziesz z żelazną konsekwencją poświęcać czasu na samodoskonalenie, twoje życie też się samo nie poprawi. A jednak większość z nas budzi się co rano i... nic się nie zmienia.

Wydaje mi się, że więcej oczekujesz od życia. Wiem o tym. Gdybyś był ze sobą zupełnie szczery, na pewno pragnąłbyś dla siebie niezwykłego życia. To wcale niekoniecznie musi oznaczać, że miałbyś marzyć o bogactwie i sławie. Każdy marzy o czymś innym. Wszystko zależy od tego, czym dla ciebie jest niezwykłe życie. Chodzi o taką codzienność, w której to ty dyktujesz warunki, jesteś wolny i możesz mieć wszystko, co tylko chcesz. Bez wymówek. Bez żalu. Po prostu niesamowite, ekscytujące i sensowne życie!

Doskonale wyraził to Robin Sharma: „Jedną z najsmutniejszych rzeczy w życiu jest dotrzeć do jego kresu, obejrzeć się z żalem za siebie i stwierdzić, że mogłeś być kimś lepszym, dokonać więcej i mieć więcej". Jeżeli taki jest los lwiej części populacji, ty absolutnie nie musisz się na to godzić. Dzisiaj możesz wyznaczyć granicę. Możesz postanowić, że nie będziesz dłużej akceptował marnego życia. Możesz domagać się dla siebie wielkości. Możesz postanowić, że staniesz się kimś niezwykłym, kto wykreuje niezwykłe życie, o jakim marzy. Twoje życie może kipieć od energii, miłości, zdrowia, szczęścia, sukcesu, bogactwa i czego tylko chcesz. *Miracle Morning* jest w stanie zaofiarować ci właśnie taką rzeczywistość.

Ale zacznijmy od pewnego istotnego pytania...

4

Dlaczego dzisiaj wstałeś?

Jeśli chcesz się kłaść spać z satysfakcją,
musisz się budzić z determinacją.

GEORGE LORIMER

Twój pierwszy poranny rytuał ma zdecydowanie
najsilniejszą moc, ponieważ nastraja cię na cały dzień.

EBEN PAGAN

Właściwie dlaczego wstałeś dzisiaj rano z łóżka? Zastanów się nad tym przez chwilę... Dlaczego w ogóle rano wstajesz? Po co się wygrzebywać z ciepłego i wygodnego posłania? Czy naprawdę tego chcesz? A może ociągasz się ze wstawaniem do ostatniego momentu, gdy już absolutnie musisz to zrobić?

Jeśli należysz do większości, co rano budzi cię dźwięk ustawionego alarmu, a ty niechętnie zwlekasz się z łóżka, ponieważ musisz gdzieś być, coś zrobić, kimś się zaopiekować, na coś odpowiedzieć. Gdybyśmy mieli wybór (a ty masz?), większość z nas wolałaby spać dalej.

Buntujemy się więc. Wciskamy guzik „drzemka" i sprzeciwiamy się nieuniknionemu wstawaniu, zupełnie nieświadomi, że w ten sposób wysyłamy światu jednoznaczny sygnał: wolimy leżeć w łóżku – pogrążeni w nieświadomości – niż żyć świadomie i aktywnie, kreując dla siebie życie, którego podobno pragniemy. Większość z nas złożyła broń – z rezygnacją ugrzęzła na miernym poziomie i dała spokój niewykorzystanym możliwościom. Wcale nam się to nie podoba. Źle się z tym czujemy. Zdajemy sobie sprawę, że stać nas na więcej. Czujemy jednak, że utknęliśmy, i nie wiemy, co powinniśmy zrobić, aby wyjść z impasu.

Kto rano wstaje, temu Pan Bóg daje: prawda o wstawaniu

W tym przysłowiu jest więcej prawdy, niż ci się wydaje. Gdy zwlekasz ze wstaniem do momentu, kiedy już absolutnie nie masz wyjścia, tzn. czekasz do ostatniej chwili, żeby rozpocząć dzień, musisz wziąć pod uwagę, że sprzeciwiasz się swojemu życiu. Za każdym razem, gdy wciskasz przycisk „drzemka", stawiasz opór dniu i swojemu życiu. Zupełnie jakbyś nie chciał wstać i tworzyć dla siebie życia, jakiego podobno pragniesz. Pomyśl o ładunku negatywnej energii, która cię otacza, gdy sprzeciwiasz się nowemu dniu i na dźwięk budzika reagujesz mniej więcej tak: „O nie, znowu muszę wstać. Ale mi się nie chce". To tak, jakbyś mówił: „Nie mam ochoty żyć, a przynajmniej nie chce mi się starać".

Wiele osób cierpiących z powodu depresji skarży się, że najtrudniejsze są poranki. Budzą się z lękiem. Czasami z powodu pracy, do której muszą pójść, albo z powodu rozpadającego się związku. Niektórzy czują się tak bez jakiegoś szczególnego powodu, po prostu dlatego, że taka jest natura depresji, która tłamsi ich umysł, emocje i ducha. Klimat poranka ma ogromny wpływ na resztę dnia i staje się procesem cyklicznym: budzisz się zrozpaczony, w rozpaczy spędzasz dzień, kładziesz się spać niespokojny i przygnębiony, a następnego dnia ten cykl się powtarza.

Ludziom, którzy wstają, nie mając żadnego celu, brakuje siły, energii i motywacji, a także jasności umysłu, a opór przed wstawaniem jest wyzwaniem rzuconym światu, bo woleliby zostać w łóżku, pogrążeni w nieświadomości, niż budować życie na miarę swoich marzeń.

I na odwrót, gdy wstajesz co rano z pasją i przyświeca ci jakiś cel, dołączasz do niewielkiego procenta ludzi sukcesu, którzy realizują własne pragnienia. Co więcej, dzięki temu będziesz szczęśliwy. Zmiana podejścia do porannego wstawania zmieni dosłownie wszystko w twoim życiu. Wcale nie musisz mi wierzyć na słowo, zaufaj sławnym skowronkom, a wymienię tylko kilka przykładów: Oprah Winfrey, Tony Robbins, Bill Gates, Howard Schultz, Deepak Chopra, Wayne Dyer, Thomas Jefferson, Benjamin Franklin, Albert Einstein, Arystoteles.

Nikt nam nie pokazał, jak można świadomie zaprogramować się na poranne wstawanie i jak robić to z radością, a nawet z entuzjazmem. Tym bardziej nikt nam nie mówił, że jest to sposób na zmianę całego naszego życia.

Jeżeli codziennie śpisz do ostatniej chwili, a później gnasz w pośpiechu do pracy lub szkoły, albo w końcu musisz zatroszczyć się o rodzinę, a wieczorem wracasz do domu i przysypiasz przed telewizorem, dopóki na dobre nie pójdziesz się położyć (tak wyglądał mój dzień), muszę cię o coś zapytać: „Kiedy masz zamiar się rozwijać, aby stać się kimś, kto osiągnie sukces, wzbogaci się, będzie zdrowy, szczęśliwy i wolny, na czym ci przecież zależy? Kiedy wreszcie zaczniesz normalnie żyć zamiast snuć się przez życie jak zombie, rozglądając się za różnymi rozrywkami, byle tylko uciec od rzeczywistości? A gdyby twoja rzeczywistość – twoje życie – w końcu stała się czymś, co chcesz świadomie przeżywać?".

Nie ma lepszego dnia niż dziś, aby porzucić to, kim jesteś, na rzecz tego, kim możesz się stać, i podnieść swoje życie do upragnionego poziomu. Żadna inna książka nie pokaże ci lepiej niż ta, jak stać się człowiekiem, który będzie potrafił stworzyć dla siebie wymarzone życie i utrzymać je na odpowiednim poziomie.

Ile naprawdę potrzebujesz snu?

Gdy zapytasz specjalistę, ile godzin snu potrzebujemy, każdy ci odpowie, że nie ma takiej „magicznej liczby". Idealna ilość snu jest inna dla każdego człowieka i zależy od wielu czynników – od wieku, genów, stanu zdrowia, aktywności fizycznej i innych. Podczas gdy tobie absolutnie wystarczy siedem godzin snu, ktoś inny, aby dobrze funkcjonować, może potrzebować dziewięciu.

Amerykańska Fundacja Badań nad Snem ogłosiła, że z długotrwałym snem (dziewięć godzin i więcej) wiąże się wzmożona podatność na rozmaite choroby i wypadki, a nawet zwiększone ryzyko śmierci. Badania wykazały również, że w przypadku niektórych zmiennych, np. w depresji, widać znaczącą zależność między chorobą a wydłużonym snem.

Nad snem prowadzi się niezliczone badania, a wyniki eksperymentów czasem się wykluczają. Skoro istnieje wiele teorii, a w dodatku każdy potrzebuje innej ilości snu, nie mam zamiaru się upierać, że tylko jedno podejście do tej kwestii jest właściwe. Zamiast tego chcę się z tobą podzielić obserwacjami zaczerpniętymi z własnego doświadczenia oraz analizy nawyków i rytuałów związanych ze snem u kilku wielkich ludzi, którzy przeszli do historii. Ostrzegam, że niektóre z moich odkryć mogą ci się wydać kontrowersyjne.

Jak wstawać z większą ilością energii (po krótszym śnie)

Dokonałem następującego odkrycia: to, jak sen wpływa na naszą biologię, zależy w dużym stopniu od naszego osobistego przekonania na temat tego, ile snu potrzebujemy. Zweryfikowałem swoją teorię na podstawie eksperymentowania z długością snu i obserwowania osób praktykujących *Miracle Morning*. Innymi słowy, to, jak czujemy się zaraz po wstaniu – a to bardzo istotne – nie zależy wyłącznie od tego, ile godzin spaliśmy, lecz w dużym stopniu od naszego nastawienia, jak mamy się czuć po przebudzeniu. Na przykład jeżeli wierzysz, że abyś czuł się wypoczęty, potrzebujesz ośmiu godzin snu, a położyłeś się spać o północy i musisz wstać o szóstej rano, na pewno będziesz się czuł zmęczony... Jak myślisz, co się stanie, gdy tylko zadzwoni budzik, otworzysz oczy i dotrze do ciebie, że czas wstawać? Co sobie pomyślisz? To samo, czego obawiałeś się przed zaśnięciem! „O rany, spałem tylko sześć godzin. Jestem wykończony". To samospełniające się proroctwo, taki mały sabotaż względem siebie. Jeśli powiesz sobie wieczorem, że rano obudzisz się zmęczony, jak amen w pacierzu tak właśnie będzie. Jeśli wierzysz, że potrzebujesz ośmiu godzin snu, nie będziesz czuł się wypoczęty, śpiąc mniej. A gdybyś tak zmienił to przekonanie?

Związek między ciałem a umysłem jest naprawdę ogromny, uważam więc, że musimy wziąć odpowiedzialność za każdy aspekt naszego życia, łącznie z tym, by budzić się co rano ze świeżym zapasem energii bez względu na to, ile godzin przespaliśmy.

Eksperymentowałem na sobie, wyznaczając sobie różny czas snu: od zaledwie czterech godzin do dziewięciu. Zmienną w moim badaniu przy różnym czasie przeznaczanym na sen było aktywne powtarzanie sobie, jak będę się czuł po wstaniu. Najpierw wypróbowałem różny czas snu, za każdym razem powtarzając sobie przed położeniem się do łóżka, że będę spał zbyt krótko i rano będę się czuł zmęczony.

Po czterech godzinach snu obudziłem się zmęczony.

Po pięciu godzinach snu obudziłem się zmęczony.

Po sześciu godzinach snu, zgadłeś, znów czułem się zmęczony.

Siedem godzin... Osiem godzin... Dziewięć godzin... Czas snu nie miał żadnego wpływu na moje samopoczucie, gdy dzwonił budzik. Dopóki przed położeniem się powtarzałem sobie, że mam za mało czasu na sen i rano będę się czuł zmęczony, tak się właśnie działo.

Potem eksperymentowałem z różnym czasem – od dziewięciu do czterech godzin – ale tym razem recytowałem sobie do snu afirmację, powtarzając, że rano obudzę się pełen energii: „Dziękuję za te pięć godzin snu. Pięć godzin to dokładnie tyle, ile mi potrzeba, żebym rano czuł się wypoczęty i pełen energii. Moje ciało jest zdolne do niezwykłych wyczynów, jednym z wielu jest czerpanie mnóstwa energii z pięciu godzin spokojnego snu. Głęboko wierzę, że sam tworzę własną rzeczywistość, i postanawiam, że jutro obudzę się pełen energii, ożywiony perspektywą nowego dnia. Jestem za to wdzięczny".

Okazało się, że bez względu na to, czy spałem dziewięć, osiem, siedem, sześć, pięć, czy tylko cztery godziny, to jeśli przed snem świadomie zdecydowałem, że będzie to jego odpowiednia ilość, bym się zregenerował i zdobył potrzebną energię, za każdym razem tak właśnie było. Ale nie musisz mi wierzyć na słowo. Namawiam cię, żebyś to wypróbował na sobie.

Ile więc godzin snu naprawdę potrzebujesz? Powiedz mi. Jeśli masz prawdziwe problemy z zasypianiem czy cierpisz na bezsenność i martwi cię to, polecam ci książkę Shawna Stevensona *Sleep Smarter: 21 Proven Tips to Sleep Your Way to a Better Body, Better Health and Better Success*. To jedna z najlepszych i najrzetelniejszych książek na temat snu, jakie czytałem.

Co zrobić, by każdy poranek był jak Boże Narodzenie

Zastanów się, kiedy w swoim życiu budziłeś się naprawdę podekscytowany tym, co ci przyniesie nowy dzień. Może miałeś lecieć na długo wyczekiwane wakacje? Albo iść do nowej pracy czy szkoły? Może był to dzień twojego ślubu lub ostatnie urodziny? Jeśli chodzi o mnie, nigdy w życiu nie budziłem się bardziej podekscytowany – ilość snu nie ma tu nic do rzeczy – niż co rok w bożonarodzeniowy poranek, kiedy byłem dzieckiem. Czy coś ci to mówi?

Bez względu na okazję, która cię tak kręciła, jak się czułeś rano? Czy musiałeś się siłą wygrzebywać z łóżka? Wątpię. W takie poranki nie możemy się doczekać, kiedy wreszcie wstaniemy! Tryskamy energią i radością życia. Szybko odrzucamy kołdrę i zrywamy się na nogi, gotowi na rozpoczęcie nowego dnia! Wyobraź sobie, że tak może wyglądać twój każdy poranek. Serio, serio!

Misją *Miracle Morning* jest przede wszystkim wskrzeszenie tego doświadczenia: budzenia się rano ze świeżym zapasem energii i uczuciem radosnego oczekiwania oraz powtarzanie go każdego dnia przez resztę życia. Chodzi o to, żeby wstawać z łóżka, mając cel – nie dlatego, że musisz, ale dlatego, że naprawdę chcesz. Każdego dnia poświęcasz swój czas, aby stać się kimś, kto będzie potrafił żyć pełnią życia. *Miracle Morning* robi to już dla tysięcy osób na całym świecie – dla ludzi takich jak ty.

5

Niezawodna metoda wstawania w 5 krokach (dla wszystkich śpiochów)

Jeśli na serio się nad tym zastanowisz, naciskanie guzika „drzemki" nie ma najmniejszego sensu. To tak, jakbyś mówił: „Nienawidzę wstawać rano, więc będę tak właśnie robił za każdym razem".

DEMETRI MARTIN

Bardziej lubiłbym poranki, gdyby się później zaczynały.

AUTOR NIEZNANY

Po pierwsze, muszę się przyznać, że gdyby nie metoda, którą chcę się z tobą podzielić, nadal bym sobie smacznie drzemał, przesypiając poranne dzwonienie budzika. A co jeszcze bardziej szkodliwe, wciąż z uporem trwałbym przy starym i niemądrym przekonaniu, że przecież nie jestem „skowronkiem".

Mówi się, że nikt nie lubi wstawać rano, jednak wszyscy uwielbiają uczucie, które pojawia się, gdy wcześnie rozpoczniemy dzień. To tak jak z ćwiczeniami. Wiele osób zmusza się, żeby pójść na siłownię, ale jeżeli już się zdecydują, to świetnie się czują. Wczesne wstawanie, zwłaszcza jeśli nadasz mu jakiś cel, naładuje ci akumulatory na cały dzień.

Zwiększanie motywacji do porannego wstawania

Budzik dzwoniący co rano wyrywa większość z nas z głębokiego snu. Opuszczenie wygodnego łóżka to, oględnie mówiąc, mało pociągająca rzecz. Gdybyś miał określić poziom swojej motywacji do wstania w chwili, gdy dzwoni budzik, w skali od 1 do 10 (gdzie 10 oznacza gotowość, aby się dosłownie zerwać i rozpocząć dzień, a 1 – chęć przewrócenia się na drugi bok), zapewne jak większość z nas określiłbyś go pomiędzy 1 a 2. To całkiem naturalne, że kiedy jesteś jeszcze wpółprzytomny, masz ochotę nacisnąć przycisk „drzemka" i spać dalej.

Wiem, że to prawdziwe wyzwanie – zmotywować się do porannego wstawania i przeżycia wspaniałego dnia, gdy gotowość do wstania w chwili, w której dzwoni budzik, wynosi 1 bądź 2. Jak to zrobić?

Odpowiedź jest prosta: krok po kroku. Oto pięć nieskomplikowanych działań, które pomogą ci wstawać wcześnie – a nawet bardzo wcześnie – i to szybciej, niż ci się wydaje.

Krok 1: Przed pójściem spać wyznacz sobie cel

Najważniejsze, abyś pamiętał, że twoja pierwsza myśl po przebudzeniu to zazwyczaj ostatnia, jaka przyszła ci do głowy, zanim położyłeś się spać. Na przykład każdemu z nas zdarzyły się problemy z zaśnięciem, ponieważ nie mogliśmy się doczekać kolejnego dnia. Czy chodziło o Boże Narodzenie, urodziny, pierwszy dzień w szkole lub nowej pracy, czy wyjazd na wakacje – na pierwszy dźwięk budzika, otwierałeś oczy i z entuzjazmem wyskakiwałeś z łóżka, by czym prędzej rozpocząć nowy dzień!

Z drugiej strony, jeśli przed pójściem spać pomyślałeś sobie coś w rodzaju: „No nie, za sześć godzin muszę wstać... Rano będę wykończony!", wtedy twoja pierwsza myśl, gdy zadzwonił budzik, była pewnie mniej więcej taka: „O rany, już minęło sześć godzin? Nieee. Spać!".

Dlatego twoim wieczornym zadaniem jest podjęcie świadomej decyzji, która zbuduje pozytywną atmosferę oczekiwania na następny dzień. Jeśli chcesz sobie ułatwić określanie celów, możesz skorzystać z podpowiedzi lub zastosować gotowe formuły, które należy wypowiedzieć przed snem. Wystarczy wejść na stronę www.TMMBook.com* i ściągnąć darmowe afirmacje przed snem.

* Wybór przetłumaczonych na język polski materiałów ze strony www.TMMBook.com zamieszczono na stronie www.galaktyka.com.pl (przyp. red.).

Krok 2: Ustaw budzik jak najdalej od siebie

Jeśli jeszcze tego nie zrobiłeś, ustaw budzik jak najdalej od łóżka. To cię zmusi do wyjścia spod kołdry i ruszania się. Ruch pobudza bowiem energię, więc jeśli wstaniesz, zaczniesz też automatycznie budzić się w naturalny sposób.

Jeżeli trzymasz budzik tuż przy łóżku, to w chwili gdy dzwoni alarm, wciąż na wpół śpisz i o wiele trudniej ci się rozbudzić. Jestem przekonany, że w tym stanie bezwiednie wyłączasz budzik i przewracasz się na drugi bok, w ogóle nie zdając sobie z tego sprawy. Pamiętam, że w oparach snu sam siebie wielokrotnie przekonywałem, że wszystko, co się dzieje, to tylko... sen.

Dzięki prostemu zabiegowi – odsunięciu budzika od łóżka, twoja motywacja w jednej chwili skoczy z poziomu pierwszego na drugi. Tak czy inaczej, wciąż będziesz się czuł dość śpiący. I tak...

Krok 3: Umyj zęby

Tak, tak, wiem, co sobie myślisz. „Naprawdę, Hal, mówisz mi, że mam umyć zęby?" Owszem. Rzecz w tym, że przez kilka pierwszych minut po przebudzeniu wykonujesz różne czynności automatycznie i w ten sposób twoje ciało zaczyna się powoli budzić. Gdy już więc wyłączysz budzik, idź prosto do łazienki, stań przy umywalce, umyj zęby i opłucz twarz ciepłą (lub zimną) wodą. To zwykłe działanie podniesie twoją gotowość do rozbudzenia się z poziomu drugiego na trzeci, a może nawet i czwarty. A gdy będziesz czuł w ustach świeży miętowy smak, nadejdzie czas na...

Krok 4: Wypij szklankę wody

Poranne nawodnienie jest niezmiernie ważną sprawą. Po 6–8 godzinach bez wody organizm jest zawsze lekko odwodniony, a z tego stanu bierze się przecież poczucie zmęczenia. Jeśli czujesz się zmęczony w ciągu dnia, może się okazać, że brakuje ci wody, a nie snu.

Rano nalej sobie wody do szklanki (albo zrób tak jak ja – przygotuj ją sobie wieczorem, by już na ciebie czekała) i wypij duszkiem. Chodzi o to, aby jak najszybciej nawodnić ciało oraz mózg i uzupełnić wodę, którą nasz organizm stracił podczas snu.

Kiedy wypijasz szklankę wody i nawadniasz organizm, twoja motywacja skacze z poziomu trzeciego lub czwartego na czwarty bądź piąty.

Krok 5: Załóż swój strój do ćwiczeń

Ostatni krok, choć nie mniej doniosły, to przebranie się w strój do ćwiczeń. W takim rynsztunku jesteś gotów, by opuścić sypialnię i niezwłocznie przystąpić do praktykowania *Miracle Morning*. Niektórzy wolą na dzień dobry wskoczyć pod prysznic, ale według mnie powinniśmy sobie na niego zapracować i najpierw się trochę spocić!

Ćwiczenia poranne to sprawa absolutnie kluczowa, ponieważ wprowadzają cię w stan umysłowego, fizycznego i emocjonalnego pobudzenia. Kwestię różnorakich ćwiczeń dokładnie omówię w następnym rozdziale.

Wykonanie tych pięciu łatwych działań nie powinno ci zająć więcej niż pięć minut, a w tym czasie twoja gotowość, aby się na dobre rozbudzić, powinna w sposób zupełnie naturalny osiągnąć poziom piąty lub szósty. W tym momencie zachowanie przytomności umysłu podczas praktyki nie wymaga już takiej samodyscypliny. Gdybyś miał się na to zdecydować w chwili, gdy dzwoni budzik, a poziom twojej motywacji wynosi 1, o wiele trudniej byłoby ci podjąć decyzję o praktykowaniu *Miracle Morning*.

Poniżej krótkie powtórzenie *Niezawodnej metody wstawania w 5 krokach*, która znacznie ułatwi ci poranne wstawanie i zachowanie przytomności umysłu.

1. **Przed pójściem spać wyznacz sobie cel.** To zdecydowanie najważniejszy krok. Zapamiętaj: twoja pierwsza poranna myśl jest z reguły taka sama jak to, co przyszło ci do głowy przed snem. Poczuj się więc odpowiedzialny, aby co wieczór przed pójściem spać zaplanować sobie na rano coś naprawdę ekstra.

2. **Ustaw budzik jak najdalej od siebie.** Pamiętaj: ruch pobudza energię!
3. **Umyj zęby.** Listerine doda ci wigoru!
4. **Wypij szklankę wody.** Jak najszybciej się nawodnij.
5. **Załóż strój do ćwiczeń.** Zapracuj na poranny prysznic!

Dodatkowe wskazówki *Miracle Morning* dotyczące porannego wstawania

Musisz sobie uświadomić, że choć metoda okazała się skuteczna w przypadku tysięcy ludzi, to działania te nie są jedynym sposobem, mającym ułatwić poranne wstawanie. Przytaczam tu kilka innych podpowiedzi, które otrzymałem od osób praktykujących *Miracle Morning*:

- Afirmacje przed snem: Jeśli jeszcze tego nie zrobiłeś, znajdź chwilkę, żeby wejść na stronę www.TMMBook.com i ściągnąć stamtąd darmowe afirmacje przed snem *Miracle Morning*. Pomagają one w wyznaczeniu celu i są naprawdę skuteczne.
- Zainstaluj automatyczny włącznik światła: Jeden z członków naszej społeczności *Miracle Morning* zainstalował w swojej sypialni czasowy włącznik światła (można kupić takie urządzenie online lub w sklepie elektrycznym). Kiedy dzwoni budzik, w sypialni zapala się światło. Genialny pomysł. W ciemności o wiele łatwiej zasnąć od nowa, a światło jest dla twojego ciała i umysłu sygnałem, że czas wstawać. Bez względu na to, czy korzystasz z automatycznego włącznika czy nie, gdy budzik przestanie dzwonić, od razu zapal światło.
- Ustaw termostat w sypialni: Inna entuzjastka naszej praktyki napisała, że zimą termostat w jej sypialni włącza się na 15 minut przed pobudką. Lubi spać w chłodniejszym pomieszczeniu, ale gdy rano wstaje, woli mieć cieplej w pokoju, wtedy nie kusi jej, żeby uciec przed zimnem do łóżka. Stwierdziła, że widzi ogromną różnicę!

Masz wolną rękę, aby dostosowywać *Niezawodną metodę wstawania w 5 krokach* do swoich potrzeb, a jeśli wypracowałeś własne wskazówki, którymi chciałbyś się z nami podzielić, czekamy na nie z niecierpliwością. Zapraszam cię do bezpośredniego kontaktu ze mną na Facebooku – Miracle Morning Community (Społeczność Miracle Morning) lub na stronie internetowej www.TMMBook.com.

Wszystko sprowadza się do jasno określonej i skutecznej metody, która krok po kroku podniesie twoją gotowość do porannego wstawania. Nie odkładaj tego *ad Kalendas Graecas*. Już dziś wieczorem przeczytaj afirmacje przed snem *Miracle Morning*, odstaw zegar jak najdalej od siebie, postaw na nocnym stoliku szklankę wody i przyrzeknij sobie, że jutro rano zrobisz dwa kolejne kroki.

6

Koła ratunkowe S.A.V.E.R.S.
6 skutecznych praktyk, które uchronią cię przed utratą szansy na wspaniałe życie

Jeśli staniesz się kimś, sukces sam do ciebie przyjdzie.

JIM ROHN

Niezwykłe życie to codzienne i nieprzerwane doskonalenie wszystkich najważniejszych sfer swojego życia.

ROBIN SHARMA

Zestresowany. Przytłoczony. Sfrustrowany. Niespełniony. Bla, bla, bla.

Oto kilka nieprzyjemnych słów, które stanowią dość przykry, ale całkiem precyzyjny opis tego, co przeciętny człowiek myśli zwykle o sobie i swoim życiu.

Ty i ja niewątpliwie żyjemy w wyjątkowo cywilizowanych i dostatnich czasach, jakich trudno szukać w historii ludzkości. Mamy dostęp do wielu zasobów i stoją przed nami otworem rozmaite możliwości, o których naszym przodkom nawet się nie śniło. A jednak większość z nas wcale z tych nieograniczonych dóbr nie korzysta i nie rozwija swojego potencjału. Zupełnie mi się to nie podoba. A tobie?

Rozziew między możliwością a rzeczywistością

Czy pomyślałeś kiedyś, że życie, o jakim marzysz, i to, kim chciałbyś być, znajdują się poza zasięgiem twoich możliwości? Czy masz czasami wrażenie, że starasz się wydobyć swój ukryty potencjał – zdajesz sobie z niego sprawę, wiesz, że on istnieje – ale nie możesz go za żadne skarby zrealizować? Gdy obserwujesz ludzi przodujących w pewnej dziedzinie, w której tobie nic się nie udaje osiągnąć, czy nie przychodzi ci do głowy, że im się poszczęściło, bo dysponują jakąś tajemną wiedzą, do której ty nie masz dostępu?

U większości z nas widać ogromną przepaść pomiędzy tym, kim jesteśmy, a tym, kim możemy się stać. Mamy skłonność do życia po jej niewłaściwej stronie. Często odczuwamy frustrację, brakuje nam motywacji i konsekwencji w działaniach, nie osiągamy oczekiwanych rezultatów w jednej lub wielu sferach naszego życia. Poświęcamy zbyt wiele czasu na zastanawianie się, co powinniśmy zrobić, by przyniosło to oczekiwane efekty, a później i tak nic w tym kierunku nie robimy. Wszyscy świetnie wiemy, co trzeba zrobić – po prostu jesteśmy niekonsekwentni. Czy coś ci to przypomina?

Ten rozziew między możliwością a rzeczywistością u każdego wygląda inaczej. Możesz mieć wrażenie, że jesteś bardzo bliski urzeczywistnienia swojego potencjału, że wystarczy niewielki wysiłek i uda ci się go zrealizować. Albo wręcz przeciwnie – czuć, że twoje możliwości są głęboko ukryte, a tobie brakuje pomysłu, jak się do nich dobrać. Bez względu na to, który przypadek lepiej opisuje twoją sytuację, pamiętaj, że zawsze możesz żyć po właściwej stronie przepaści i stać się innym człowiekiem. To jest absolutnie osiągalne.

Czy na stałe ugrzęzłeś już po niewłaściwej stronie wielkiego kanionu swoich możliwości? Zastanawiasz się, jak przedostać się na drugą stronę? A może utknąłeś w jakimś miejscu i nie jesteś w stanie zrobić ani kroku dalej? W tym rozdziale zapoznasz się z sześcioma technikami, które ułatwią ci pójście do przodu – nawet gdy będziesz wymagał od siebie mniej, niż jesteś w stanie dać – i rozwijanie swojego potencjału, aż staniesz się tym, kim możesz być.

Twoje życie nie jest tym, czym ci się wydaje

Większość z nas tak bardzo się stara, aby utrzymać swój *status quo* czy wręcz „jakoś przeżyć", że zupełnie nie ma czasu na to, by skupić się na rzeczach najważniejszych – na samym życiu. A co to za różnica? Nasza sytuacja życiowa to splot warunków zewnętrznych, wydarzeń, ludzi i miejsc, jakie nas otaczają. Nie jesteśmy „tym". Jesteśmy czymś więcej niż nasza sytuacja życiowa.

Twoje życie to to, kim jesteś najgłębiej. Składa się z komponentów wewnętrznych, postaw, światopoglądu, które w każdej chwili dają ci moc zmieniania i poprawiania twojej sytuacji życiowej.

Na twoje życie, podobnie jak na życie każdej istoty ludzkiej, składają się aspekty fizyczne, intelektualne, emocjonalne i duchowe. Pierwiastek fizyczny to ciało, zdrowie i energia. Pierwiastek intelektualny zaś to umysł, inteligencja oraz myśli. Pierwiastek emocjonalny dotyczy emocji, uczuć, nastawienia. Pierwiastek duchowy zawiera rzeczy nieuchwytne: duszę, ducha, wyższą siłę, która nad nami czuwa.

Twoje życie znajduje się w twoim świecie „wewnętrznym", w którym leży moc stwarzania nowych uczuć, perspektyw i przekonań, a tym samym kształtowania lub dowolnej zmiany okoliczności życiowych, związków, wyników i wszystkiego, co składa się na twoją „zewnętrzną" sytuację życiową. Zgodnie z naukami wielu mędrców świat zewnętrzny jest odbiciem naszego świata wewnętrznego. Jeśli codziennie będziesz poświęcał czas i wysiłek na rozwijanie wszystkich czterech aspektów swojej osobowości i konsekwentnie stawał się lepszą wersją samego siebie, twoja sytuacja życiowa poprawi się niemal automatycznie, masz to jak w banku.

Sam przebyłem tę drogę: od średniaka, który we wszystkich sferach swojego życia miotał się między bylejakością a przeciętniactwem i jeszcze starał się to usprawiedliwić, do osoby realizującej cele, które wcześniej wydawały się nieosiągalne. Zapewniam cię, że pracując codziennie nad swoim rozwojem osobistym, też możesz tego dokonać. Ta podróż odmieniła moje życie, a więc zmieni i twoje.

Czas ocalić życie, na jakie zasługujesz

Wielu ludzi tak przytłacza codzienność, że wymyka się im życie spełnione i niezwykłe, o jakim zawsze marzyli. Mam na myśli to życie na dziesiątym poziomie. Codzienna krzątanina zżera im cały czas, więc prawdziwe życie zawsze toczy się gdzie indziej i nie starcza już sił, by tam dotrzeć.

Jeżeli chcesz zapewnić sobie życie na najwyższym poziomie i nie dopuścić do tego, by „zjadła" je twoja sytuacja życiowa – co w końcu prowadzi do rozżalenia z powodu niewykorzystanych możliwości, a nawet „byle jakiego" życia – musisz ustalić priorytety i co dzień poświęcić jakiś czas na swój rozwój osobisty. Rozpocznij kurs *Miracle Morning* S.A.V.E.R.S. złożony z sześciu łatwych, codziennych praktyk, które podnoszą jakość życia. Każda z nich rozwija jakiś jego aspekt: fizyczny, intelektualny, emocjonalny i duchowy, abyś mógł stać się taką osobą, która stworzy dla siebie życie, jakiego naprawdę pragniesz.

Pamiętaj: gdy zmieniasz swój świat wewnętrzny – swoje życie – wówczas twój świat zewnętrzny – twoja sytuacja życiowa – zmienia się równolegle do niego.

Pierwsze „S" z S.A.V.E.R.S.

Nie, wcale nie chodzi o „sen". Wybacz. Zdaję sobie sprawę, że wielu ludzi z radością przespałoby swoją drogę do sukcesu. Chętnie by się dali zamrozić i w tym stanie czekali cierpliwie na jakiś wielki spadek. Wówczas łaskawie pozwoliliby się rozmrozić. Niestety, w prawdziwym życiu się tak nie da.

Przed tobą sześć sprawdzonych i skutecznych praktyk rozwoju osobistego znanych jako koła ratunkowe S.A.V.E.R.S. Stosując się do nich, zdobędziesz dostęp do potężnych sił, które w tobie drzemią i które pomogą ci zmienić lub zmodyfikować każdą sferę twojego życia. Przyjrzyjmy się razem wszystkim sześciu technikom, by sprawdzić, jak każda z nich pomoże ci w przyciąganiu powodzenia, spełnianiu marzeń i życiu pełnią życia.

S.A.V.E.R.S.

S jak *Silence* (cisza)

W ciszy łatwiej duszy odnaleźć drogę,
a to, co ulotne i pozorne,
staje się kryształowo czyste.

MAHATMA GANDHI

Więcej się nauczysz przez godzinę ciszy
niż z książek przez cały rok.

MATTHEW KELLY

Cisza to pierwsza praktyka z kursu S.A.V.E.R.S. i, kto wie, pewnie jedna z najbardziej znaczących. Już na samym wstępie pomoże ci zwolnić tempo i choć trochę zmienić hałaśliwy i obfitujący w nadmierną ilość rozmaitych bodźców tryb życia. Myślę oczywiście o świadomej ciszy, która ma moc przeobrażania. Jako „świadomą" ciszę rozumiem czas, w którym oddajesz się we władanie ciszy, mając na względzie jakiś korzystny dla siebie cel, a nie wyłącznie samą ciszę. Jak to sugestywnie ujmuje Matthew Kelly w swojej świetnej książce *Życie w rytmie marzeń*: „Więcej się nauczysz przez godzinę ciszy niż z książek przez cały rok". To wielka myśl mądrego człowieka.

Jeśli ci zależy, aby szybko obniżyć poziom stresu, zaczynać każdy dzień w spokoju ducha, z jasnym i klarownym umysłem, który pozwoli ci się skupić na tym, co w życiu najważniejsze, a nawet otrzeć się o oświecenie – co jest dokładną odwrotnością codziennego doświadczenia większości ludzi – rozpoczynaj każdy dzień od chwili świadomej ciszy.

Historia dostarcza wiele dowodów na dobroczynne działanie ciszy na ludzki umysł. Najwięksi mędrcy i myśliciele praktykowali świadomą ciszę poprzez modlitwę lub medytację, aby przekraczać własne ograniczenia.

Jak zwykle wyglądają twoje poranki?

Czy poświęcasz rano choć trochę czasu, aby wprowadzić się w odpowiedni stan, dzięki któremu gładko przeżyjesz resztę dnia? Czy przeważnie zwlekasz ze wstaniem do ostatniej chwili, kiedy już musisz coś zrobić? Czy opisując swoje poranki, użyjesz takich słów, jak: spokojny, odprężony, wypoczęty? Jeżeli tak, moje gratulacje! Jesteś już o krok przed innymi.

W przypadku większości z nas słowami najlepiej oddającymi typowe poranki są: pośpieszny, gorączkowy, pełen stresu, a nawet chaotyczny. Dla innych początek dnia precyzyjniej opisują takie słowa, jak: powolny, rozleniwiony i pogrążony w stanie letargu. Który z tych scenariuszy najtrafniej opisuje twoje poranki?

Z reguły poranki są dość gorączkowe i pełne pośpiechu. Zazwyczaj miotamy się bezładnie, próbując przygotować się na dzień, który nas czeka, a przez głowę przemykają chaotyczne myśli: „Co dzisiaj muszę zrobić, gdzie pojechać, z kim się spotkać, o czym zapomniałem, przecież już jestem spóźniony...".

Niektórym rano w ogóle bardzo trudno się rozruszać. Są ospali, rozleniwieni, bezproduktywni. I tak, dla większości poranki są stresujące i zabiegane lub gnuśne i bezowocne. Żaden model nie stanowi optymalnego sposobu na rozpoczęcie nowego dnia.

Cisza to najlepszy sposób, aby zredukować stres i oprzytomnieć. Pomoże ci osiągnąć jasność umysłu, której będziesz potrzebował, aby skoncentrować się na swoich celach, ustalić priorytety i zdecydować, co w twoim życiu liczy się najbardziej.

Poniżej znajduje się lista moich ulubionych technik, które można zastosować podczas praktykowania ciszy. Zaczynam od prostej medytacji, ale poza tym nie hierarchizuję ich w żaden sposób:

- medytacja,
- modlitwa,
- rozmyślania,
- głęboki oddech,
- wdzięczność.

Niekiedy wybieram sobie jedną z technik, a czasami praktykuję kilka z nich. Wszystkie zrelaksują twoje ciało i umysł, uciszą wewnętrzny zamęt i pozwolą ci się otworzyć na korzyści płynące z kolejnych praktyk S.A.V.E.R.S., które składają się na resztę twojego *Miracle Morning*.

Ważne, abyś nie praktykował ciszy w łóżku, – najlepiej w ogóle wyjść z sypialni. Problem polega na tym, że pozostając w łóżku, a nawet w sypialni, z wygodnym posłaniem w zasięgu wzroku, łatwiej ulec pokusie, by zrezygnować z siedzenia w ciszy, przyjąć niedbałą postawę lub wręcz z powrotem zasnąć. Ja na przykład siadam na sofie w salonie, gdzie mam pod ręką to, czego potrzebuję do swojej praktyki: afirmacje, dziennik, płytę DVD z ćwiczeniami jogi i książkę, którą akurat czytam. Wszystko znajduje się na swoim miejscu i czeka na mnie, więc mogę się co rano skupiać na samej praktyce bez konieczności prowadzenia gorączkowych poszukiwań.

Medytacja

Skoro na rynku znajduje się mnóstwo doskonałych książek i artykułów na temat medytacji, a internet pęka w szwach od stron poświęconych temu zagadnieniu, nie będę wchodził w szczegóły i opisywał jej dobroczynnych skutków czy rozmaitych ujęć powyższej metody. Zamiast tego wspomnę tylko o kilku najważniejszych z mojego punktu widzenia korzyściach i pokażę ci krok po kroku prostą medytację, którą możesz zacząć stosować od razu.

Istotą medytacji jest wyciszenie lub skupienie umysłu przez pewien określony czas. Nie wiem, czy zdajesz sobie sprawę ze wszystkich niezwykłych korzyści zdrowotnych, jakie płyną z medytowania. Rozmaite badania pokazują, że medytacja bywa skuteczniejsza niż leczenie. Naukowcy wskazują na ścisły związek pomiędzy medytacją a poprawą metabolizmu, ciśnieniem krwi, aktywnością mózgu i wieloma innymi funkcjami organizmu. Medytacja obniża poziom stresu, przynosi ulgę w bólu, ułatwia zasypianie, poprawia koncentrację, a nawet wydłuża życie. W dodatku nie wymaga wiele czasu. Wystarczy tylko kilka minut dziennie, aby odnieść korzyści ze stosowania tej metody.

Celebryci, dyrektorzy i ludzie sukcesu, np. Jerry Seinfeld, Sting, Russell Simmons, Oprah i wiele innych znanych osób, publicznie przyznali, że systematyczna, codzienna medytacja na stałe zagościła w ich życiu. Rick Goings, dyrektor generalny Tupperware, oświadczył na łamach „Financial Times", że stara się medytować codziennie przynajmniej przez 20 minut. Podsumował również: „Dla mnie jest to praktyka, dzięki której nie tylko pozbywam się stresu, ale też zyskuję świeże spojrzenie na to, co się aktualnie dzieje i co się naprawdę liczy". Według „Huffington Post" Oprah wyznała doktorowi Oz, że medytacja transcendentalna pomogła jej „nawiązać kontakt z wyższą siłą".

Istnieje wiele rodzajów i odmian medytacji, ale generalnie rzecz biorąc, można je podzielić na dwie kategorie: medytacje kierowane i indywidualne. W medytacjach kierowanych słuchasz głosu innej osoby i otrzymujesz instrukcje, które pomagają ci się skupić, ukierunkować myśli i świadomość. Medytacja indywidualna to samodzielna praktyka, bez żadnej pomocy z zewnątrz.

Medytacja *Miracle Morning*

Oto prosta medytacja indywidualna, opisana krok po kroku. Możesz ją wykorzystać podczas swojej praktyki *Miracle Morning,* nawet jeśli nigdy wcześniej nie medytowałeś.

- Przed rozpoczęciem medytacji dobrze jest się odpowiednio nastroić i określić swoje oczekiwania. Przeznacz ten czas na uspokojenie umysłu i pozbycie się kompulsywnej potrzeby ciągłego myślenia o czymś: przeżywania przeszłości bądź zamartwiania się o przyszłość, co nigdy nie pozwala ci w pełni cieszyć się teraźniejszością. Ten czas ma ci również pomóc uwolnić się od stresów, przestać się zadręczać problemami i być w pełni obecnym w tej chwili. Medytując, masz szansę zrozumieć, kim właściwie jesteś, dotrzeć do swojej prawdziwej istoty – zejść znacznie głębiej niż twój stan posiadania, rola społeczna albo etykietki na swój temat, które sam sobie nadałeś. Większość ludzi nigdy nie podjęło takiej próby. Ci, którym udało się dotrzeć do swojej najgłębszej istoty, nazywają to doświadczenie „czystym byciem". Nie myśleniem, nie robieniem, ale po prostu byciem. Jeśli brzmi to dla ciebie zbyt obco albo zbyt newage'owo, wszystko w porządku. Na początku miałem podobne odczucie. Prawdopodobnie wynika ono stąd, że nigdy wcześniej tego nie próbowałeś. Szczęśliwie... zaraz to zrobisz.

- Znajdź sobie spokojne miejsce, gdzie mógłbyś usiąść. Możesz usiąść na sofie, na krześle, na podłodze lub na poduszce, żeby ci było wygodniej.
- Usiądź wyprostowany i skrzyżuj nogi. Możesz zamknąć oczy lub patrzeć w podłogę, mniej więcej pół metra przed sobą.
- Zacznij od skupienia się na oddechu – oddychaj głęboko i powoli. Wdychaj powietrze przez nos, a wydychaj ustami. Twój oddech powinien dotrzeć aż do brzucha, a nie tylko do klatki piersiowej. Najbardziej skuteczny sposób oddychania polega na napełnianiu powietrzem brzucha, nie tylko klatki piersiowej.
- Teraz zacznij mierzyć oddechy w rytmie 3-sekundowym – najpierw powolny wdech – liczysz w tym czasie do 3... trzymasz przez 3 sekundy... w końcu spokojnie wydychasz, licząc do 3. Gdy koncentrujesz się na oddechu, poczuj, jak twoje myśli i emocje opadają. Miej świadomość tego, że kiedy ty próbujesz uspokoić umysł, myśli wciąż będą cię atakowały. Zarejestruj tylko, że są i nie przywiązuj się do nich, pozwól im odejść, a sam wróć do oddechu.
- Pamiętaj, że jest to czas, w którym masz się pozbyć kompulsywnej potrzeby nieustannego myślenia o czymś, uwolnić od stresu i przestać zamartwiać swoimi problemami. Masz po prostu być w pełni obecnym w tej chwili. Mówi się o tym jako czystym byciu. Niemyślenie, niedziałanie – po prostu bycie. Wciąż podążaj za swoim oddechem i wyobraź sobie, że wdychasz dobrą, pozytywną

energię miłości, a wydychasz zmartwienia i stresy. Ciesz się spokojem. Ciesz się daną chwilą. Tylko oddychaj... Tylko bądź.

- Jeśli się zorientujesz, że myśli wciąż cię zalewają, może będzie ci się łatwiej skupić na jakimś słowie lub zdaniu i powtarzać je sobie podczas wdechu i wydechu. Na przykład możesz spróbować powiedzieć coś takiego: (na wdechu) „Wdycham spokój", (na wydechu) „Wydycham miłość"... „Wdycham spokój" (wdech)... „Wydycham miłość" (wydech)... Możesz zamienić oba słowa na takie, które oddadzą wartości, jakie chciałbyś wnieść w swoje życie (pewność siebie, wiara, energia, itd.) i takie, które chciałbyś podarować światu.
- Medytacja jest prezentem, jaki robisz samemu sobie. To naprawdę niezwykły dar. Czas spędzony na medytacji to dla mnie najpiękniejsze chwile dnia: czuję się wtedy spokojny, wdzięczny i wolny od powszednich trosk i zmartwień. Potraktuj codzienną medytację jako poranne wakacje od własnych problemów. Choć po medytacji nie znikną, przekonasz się, że jesteś o wiele bardziej skupiony i lepiej przygotowany do tego, żeby się z nimi zmierzyć.

Uwagi końcowe na temat Ciszy

Nie istnieje jeden właściwy sposób praktykowania ciszy. Możesz się wtedy modlić, medytować, skoncentrować na tym, za co odczuwasz wdzięczność, a nawet pogrążyć się w rozmyślaniach. Dla mnie siedzenie w ciszy, a zwłaszcza medytowanie, było z początku dość trudne, pewnie dlatego, że stwierdzono u mnie ADHD. Nie do końca się zgadzam z tą diagnozą, podobnie jak ze stanowiskiem, że ADHD to rodzaj „zaburzenia" (to temat na inną rozmowę), ale nie zmienia to faktu, że początkowo siedzenie bez ruchu i próba uspokojenia umysłu były dla nie prawdziwym wyzwaniem. Myśli galopowały bez przerwy, jedna za drugą, jak w pinballu.

Siedziałem więc sobie w ciszy, ale mój umysł nie potrafił się zatrzymać. I właśnie dlatego, że sprawiało mi to taką trudność, postanowiłem nie odpuszczać. Dopiero po trzech czy czterech tygodniach codziennego praktykowania ciszy poczułem się w miarę kompetentny. Dotarłem do punktu, gdzie pozwalałem, by myśli napływały, bez emocji rejestrowałem, że są i spokojnie pozwalałem im odpłynąć, nie popadając przy tym we frustrację. Nie zniechęcaj się więc, gdy czas spędzany w ciszy lub na medytacji na początku będzie dla ciebie prawdziwą próbą sił.

Jak długo powinieneś praktykować świadomą ciszę? Proponuję, byś zaczął od pięciu minut, ale w następnym rozdziale nauczę cię, że możesz odnieść duże korzyści z ciszy trwającej tylko 60 sekund dziennie! Gdy zacząłem tę praktykę, siedziałem w ciszy, spokojny i zrelaksowany, modliłem się, medytowałem, rozmyślałem, za co mogę czuć się wdzięczny i po prostu oddychałem głęboko – przez pięć minut. Co za spokojny i doskonały sposób na rozpoczęcie dnia.

S.A.V.E.R.S.

A jak *Affirmations* (afirmacje)

Powtarzanie afirmacji prowadzi do pewnego nastawienia.
Gdy zaś to nastawienie staje się głębokim przekonaniem,
coś się zaczyna dziać.

MUHAMMAD ALI

Dopóki nie przekonasz swojej podświadomości,
że jesteś zwycięzcą, będziesz nieudacznikiem.
To się dzieje dzięki afirmacjom, pstryk i już.

FLORENCE SCOVEL SHINN

„Jestem najlepszy!" Muhammad Ali wciąż powtarzał te słowa, aż stały się prawdą. Afirmacje to jedna z najskuteczniejszych metod, dzięki którym będziesz mógł szybko stać się osobą, jaką musisz być, aby osiągnąć to wszystko, czego w życiu pragniesz. Afirmacje pozwolą ci zaplanować i rozwinąć odpowiednią postawę (podejście, przekonania, koncentrację), której będziesz potrzebował, aby przenieść dowolną sferę swojego życia na wyższy poziom.

To nie przypadek, że ludzie sukcesu, którzy w naszym społeczeństwie osiągnęli najwięcej, celebryci jak Will Smith, Jim Carrey, Suze Orman, Muhammad Ali, Oprah i wielu innych, głośno wyrażali swoją wiarę w moc pozytywnego myślenia i przyznawali, że afirmacje pomogły im w dotarciu na szczyt.

Nie wiem, czy zdajesz sobie z tego sprawę, ale nieustanne mówienie do siebie nie dotyczy jedynie szaleńców. W naszej głowie bez przerwy toczy się wewnętrzny dialog. Przeważnie odbywa się w podświadomości, co znaczy, że nikt z nas nie decyduje świadomie, o czym myśli. Zamiast tego, odtwarzamy na okrągło nasze wspomnienia – te dobre i te złe. To całkowicie normalny proces, nad którym jednak można przejąć kontrolę. Niestety, bardzo niewielu ludzi bierze odpowiedzialność za swoje myśli i decyduje się myśleć pozytywnie, a dzięki temu wnieść w swoje życie pożądane wartości.

Czytałem niedawno statystyki, z których wynika, że 80% kobiet w ciągu dnia ma dołujące myśli na swój temat (o własnym ciele, o tym, jak wypadają w pracy, o tym, co myślą o nich inni itp.). Jestem pewien, że mężczyzn też to dotyczy, chociaż może w nieco mniejszym stopniu.

Ten wewnętrzny dialog ma ogromny wpływ na twoje osiągnięcia w każdej dziedzinie życia – na pewność siebie, zdrowie, szczęście, bogactwo, związki z ludźmi itd. Afirmacje działają na twoją korzyść lub przeciw tobie, w zależności od tego, jak ich używasz. Jeżeli świadomie nie zaplanujesz i nie wybierzesz swoich afirmacji, wystawiasz się na łatwy łup lękom, poczuciu niepewności i ograniczeniom, płynącym ze wskrzeszania przeszłych doświadczeń.

Gdy jednak świadomie zaplanujesz i zapiszesz swoje afirmacje, aby pozostawały w zgodzie z tym, co chcesz osiągnąć i kim chcesz się stać, a także będziesz je codziennie powtarzał (najlepiej głośno), to natychmiast wpłyną na twoją podświadomość. Afirmacje zmienią twój sposób myślenia i odczuwania, będziesz więc mógł przezwyciężyć ograniczające cię poglądy i podejście do wielu spraw oraz zastąpić je tymi, jakich potrzebujesz, aby odnieść sukces.

Jak afirmacje zmieniły moje życie

Po raz pierwszy spotkałem się z siłą afirmacji i jej realnym oddziaływaniem na życie, gdy mieszkałem z jednym z moich najbardziej wpływowych przyjaciół, Mattem Recore'em. Niemal codziennie słyszałem, jak Matt wykrzykuje coś spod prysznica. Myślałem, że mnie woła, więc zbliżałem się do łazienki, skąd dobiegały dziarskie okrzyki w rodzaju: „Sam decyduję o swoim losie! Zasługuję na sukces! Zrobię dzisiaj wszystko, co w mojej mocy, by zrealizować swoje cele i stworzyć dla siebie wymarzone życie!". „Co za czubek", myślałem.

Mój jedyny wcześniejszy kontakt z afirmacjami miał miejsce podczas oglądania skeczu w popularnym programie telewizyjnym z lat 90. *Saturday Night Live*, w którym fikcyjny bohater, Stuart Smalley, grany przez Ala Frankena, spoglądał bez przerwy w lustro i powtarzał do siebie: „Jestem dobry, jestem mądry, niech to szlag, co za facet!". W rezultacie zawsze traktowałem afirmacje z przymrużeniem oka. Matt wiedział lepiej. Jako uczeń Tony'ego Robbinsa przez lata stosował afirmacje i inkantacje, które miały zapewnić mu sukces. Powinienem od razu zaskoczyć, że Matt wie, co robi: w wieku 25 lat miał już pięć domów i był jednym z najlepszych specjalistów od sieci komputerowych w kraju. Poza tym, to ja wynajmowałem pokój u niego. Niestety, potrzebowałem jeszcze kilku lat, aby dotarło do mnie w pełni, że afirmacje to jedna z najpotężniejszych technik, jakie pomagają dokonać zmian w życiu.

Swoje pierwsze doświadczenie z afirmacjami zawdzięczam legendarnej już książce Napoleona Hilla *Myśl i bogać się* (przy okazji, gorąco ją polecam). Choć wciąż byłem sceptyczny wobec powtarzania afirmacji, postanowiłem spróbować. Skoro zadziałało w przypadku Matta, dlaczego nie miałoby zadziałać u mnie. Jako cel wyznaczyłem sobie zmianę przekonania, którego nabrałem po moim wypadku, czyli pewności, że mam fatalną pamięć.

Jeśli czytałeś moją pierwszą książkę *Taking Life Head On!*, zapewne wiesz, że tuż po wypadku moja pamięć krótkotrwała praktycznie nie istniała. Prowadziło to czasem do komicznych incydentów. Przyjaciele i rodzina spędzali ze mną w szpitalu mnóstwo czasu. Gdy w trakcie odwiedzin wyskakiwali, żeby coś zjeść, po powrocie witałem ich wylewnie, jakbyśmy się nie widzieli od lat.

Po tak poważnym urazie mózgu, cierpiąc z powodu realnego ograniczenia funkcji życiowych, wciąż wzmacniałem w sobie przekonanie, że mam fatalną pamięć. Za każdym razem, gdy ktoś mnie prosił, bym coś zapamiętał lub przypomniał mu o czymś, odpowiadałem: „Z chęcią, ale naprawdę nic z tego nie będzie – miałem uraz mózgu i nie działa u mnie pamięć krótkotrwała".

Od wypadku minęło już siedem lat i skoro moje przekonanie opierało się na tym, co działo się wówczas, nadszedł wreszcie czas, by je skorygować. Być może moja fatalna pamięć wynikała po części z tego, że nigdy nie przyszło mi do głowy nad nią popracować. Jak powiedział Henry Ford: „Czy myślisz, że możesz, czy myślisz, że nie możesz, w każdym wypadku masz rację".

Gdyby afirmacje mogły zmienić to, co – dla mnie przynajmniej – było w najwyższym stopniu usprawiedliwionym przekonaniem o własnym ograniczeniu, to mogłyby chyba zmienić wszystko. I tak stworzyłem swoją pierwszą afirmację, która brzmiała: „Pozbywam się ograniczającego mnie przekonania, że mam fatalną pamięć. Mój mózg to cudowny organ zdolny do samoleczenia. Moja pamięć może się poprawić tylko w takim stopniu, w jakim będę w to wierzył. Od tej chwili niezachwianie wierzę, że moja pamięć jest doskonała i z każdym dniem staje się coraz lepsza".

Codziennie, podczas praktykowania *Miracle Morning*, czytałem tę krótką afirmację. Wciąż zaprogramowany według starego punktu widzenia, nie miałem pewności, czy afirmacja działa. Nagle, po dwóch miesiącach codziennego recytowania, wydarzyło się coś, czego nie doświadczyłem od lat. Przyjaciółka poprosiła mnie, bym pamiętał o telefonie do niej następnego dnia, a ja odparłem jak gdyby nigdy nic: „Oczywiście, nie ma problemu". Gdy tylko wypowiedziałem te słowa, oczy rozszerzyły mi się ze zdumienia i prawie podskoczyłem do góry z radości! Ograniczające mnie przekonanie o fatalnej pamięci traciło swoją moc. Zastąpiłem je innym, wzmacniającym, i za pomocą afirmacji przeprogramowałem swoją podświadomość.

Odtąd uwierzyłem, że afirmacje naprawdę działają. Moja pamięć wciąż się polepszała, a ja tworzyłem afirmacje dla różnych sfer swojego życia, które chciałem rozwinąć. Zacząłem stosować afirmacje dla poprawy zdrowia, stanu finansów, związków z ludźmi, poczucia szczęścia, pewności siebie i w ogóle wszelkich swoich przekonań, sposobów myślenia czy nawyków, które wymagały zmiany na lepsze. Nic mnie w tym nie ograniczało. Nie ma żadnych granic!

Jak zostałeś zaprogramowany?

Myślimy, wierzymy i postępujemy tak, jak nam zaprogramowano podświadomość. Programowanie to jest wynikiem rozmaitych wpływów: tego, co mówili nam inni, co sami sobie mówiliśmy, w ogóle wszystkich naszych doświadczeń – zarówno tych dobrych, jak i tych złych. Niektórzy mają oprogramowanie, dzięki któremu wiodą szczęśliwe, pomyślne życie; innym – prawdopodobnie większości – oprogramowanie niczego nie ułatwia.

Zła wiadomość jest taka, że jeśli nie postarasz się zmienić oprogramowania, nie wykorzystasz swojego potencjału, a twoje życie zdominują lęki i niepewność, jakie pozostały ci w spadku po przeszłości. Musisz przestać się programować na przeciętność, skupiać się na tym, co robisz źle, biczować za popełniane błędy i wpędzać w poczucie winy. Musisz raz na zawsze przestać o sobie myśleć jako o nieudaczniku, niezasługującym na powodzenie, o jakim w głębi serca marzy każdy z nas.

Dobra wiadomość jest natomiast taka, że każde oprogramowanie można dowolnie zmienić lub zmodyfikować. Możesz się przeprogramować na pokonanie lęków, niepewności, złych nawyków i hamujących rozwój przekonań oraz sposobów postępowania, by osiągnąć wymarzony sukces w dowolnie wybranej dziedzinie życia.

Możesz skorzystać z afirmacji na samym początku, aby zaprogramować się na pewność siebie i powodzenie we wszystkim, co robisz. Wystarczy, że będziesz sobie nieustannie powtarzał, kim chcesz być, co chcesz osiągnąć i w jaki sposób chcesz tego dokonać. Przy dostatecznej liczbie powtórzeń afirmacja zapisze się w twojej podświadomości i zacznie się przejawiać w realnym świecie, popychając cię do działania.

Zapisywanie afirmacji ułatwi ci wybór nowego oprogramowania, ponieważ wciąż będziesz miał wgląd w ich wcześniejsze wersje. Śledząc swoje postępy, szybciej osiągniesz pożądany stan umysłu. Ciągłe powtarzanie afirmacji sprawi, że umysł zacznie je akceptować, co poskutkuje zmianą sposobu myślenia, przekonań i postępowania. Skoro sam decydujesz o swoich afirmacjach i układasz je samodzielnie, możesz je dobrać tak, aby było ci z nimi po drodze do celu, jaki sobie postawiłeś.

Tworzenie własnych afirmacji w 5 łatwych krokach

Poniżej, w pięciu łatwych krokach pokazuję, jak stworzyć własne afirmacje. Na końcu znajduje się link do strony, z której możesz pobrać za darmo gotowe afirmacje *Miracle Morning*.

Krok 1: Czego naprawdę chcesz?

Celem afirmacji jest zaprogramowanie własnego umysłu na takie poglądy i sposoby działania, które będą miały decydujące znaczenie dla twojego sukcesu. To dzięki nim będziesz w stanie zatriumfować w każdej sferze swojego życia, czyli osiągnąć wymarzony dziesiąty poziom.

Możesz zhierarchizować swoje afirmacje zgodnie z tymi obszarami życia, na których poprawie zależy ci najbardziej, np. zdrowie/fitness, poglądy, emocje, finanse, związki z ludźmi, duchowość itp. Zacznij od wyklarowania (na piśmie) swojej idealnej wizji siebie i swojego życia, czyli tego, na czym ci najbardziej zależy.

Krok 2: Dlaczego tego chcesz?

Mój dobry przyjaciel, Adam Stock, prezes Rising Stock, Inc., powiedział mi kiedyś: „Mądry człowiek zawsze zaczyna od »dlaczego«?". Każdy chce być zdrowy, szczęśliwy i bogaty, ale samo „chcieć" nie wystarczy. Tych, którym udaje się przezwyciężyć pokusę przeciętności i osiągnąć wszystko, o czym marzą, popycha do przodu niezwykle silna potrzeba, nieodparte „po co", które nie daje im żyć. Ludzie ci wytyczyli swojemu życiu jasny cel, o niebo przewyższający błahe problemy i niezliczone przeszkody, z którymi – co nieuniknione – przychodzi im się zmierzyć na co dzień. To dlatego wstają co rano i jak czołg prą do celu.

Dobrze się zastanów, dlaczego to wszystko, na czym ci zależy, jest dla ciebie tak ważne. Absolutna pewność co do swoich najgłębszych motywacji, tych „dlaczego", da ci cel, z którego tak łatwo nie zrezygnujesz.

Krok 3: Kim chcesz być, aby osiągnąć swój cel?

Mój pierwszy coach, Jeff Sooey, zwykł w tym momencie mawiać: nadeszła chwila prawdy. Innymi słowy, w twoim życiu będzie się działo lepiej wtedy, gdy będziesz na to gotowy. Twój świat stanie się lepszy dopiero po tych niezliczonych godzinach, które zainwestowałeś w swój rozwój. „Być" (tym, kim musisz się stać) i „robić" (to, co trzeba zrobić) to warunki wstępne dla „mieć", czyli tego, co chcesz posiadać. Wejrzyj w siebie i zdecyduj, kim powinieneś być i co zrobić, by stać się taką osobą, która sprosta wyzwaniu i poprawi swoje życie, interesy, zdrowie, małżeństwo itp.

Krok 4: Co musisz zrobić, aby osiągnąć swój cel?

Jakie działania powinieneś podjąć, jeśli chcesz wcielić w życie swoje idealne wizje? Chcesz schudnąć? Twoja afirmacja mogłaby brzmieć mniej więcej tak: „Przyrzekam sobie, że będę chodził na siłownię pięć razy w tygodniu i przez co najmniej 20 minut ćwiczył na bieżni". Jeżeli jesteś akwizytorem, mógłbyś przykładowo stworzyć sobie następującą afirmację: „Codziennie od ósmej do dziewiątej rano zobowiązuję się wykonać 20 telefonów, które przysporzą nam potencjalnych klientów". Im bardziej doprecyzujesz swoje działania, tym lepiej. Nie zapomnij o częstotliwości (jak często), ilości (ile) i określeniu ram czasowych (kiedy będziesz zaczynał i kiedy kończył swoje działania).

Ważne, żeby nie zaczynać od wielkiej rewolucji. Jeżeli wcześniej w ogóle nie chodziłeś na siłownię, to postanowienie, że teraz będziesz tam bywał pięć razy w tygodniu po 20 minut, wydaje się mało realne. Trzeba stawiać przed sobą zadania możliwe do wykonania. Po drodze smakuj drobne zwycięstwa – będziesz z siebie zadowolony i nie zniechęcisz się, co jest bardzo prawdopodobne, jeżeli zbyt wysoko ustawisz sobie poprzeczkę. Możesz przygotowywać się stopniowo. Zacznij od zapisania celu na dany dzień lub tydzień i sam zdecyduj, kiedy go rozszerzyć. Po kilku tygodniach systematycznego pojawiania się na siłowni dwa razy w tygodniu po 20 minut, dodaj sobie kolejny dzień itd.

Krok 5: Wspomóż się inspirującymi cytatami i sentencjami

Zawsze rozglądam się w poszukiwaniu cytatów i sentencji, które mogę dodać do swoich afirmacji. Na przykład jedna z moich afirmacji pochodzi z książki Marshala Goldsmitha *What Got You Here Won't Get You There*. Brzmi ona tak: „Kluczową umiejętnością rozmaitych inspiratorów i mówców motywacyjnych jest wzbudzanie w człowieku poczucia, że jest najważniejszą osobą na świecie. Dzięki niej Bill Clinton, Oprah Winfrey i Bruce Goodman stali się w swych dziedzinach najlepsi. Będę tak postępował wobec każdego, z kim nawiążę kontakt".

Inna afirmacja: „Trzymaj się rady Tima Ferrisa: Dla zmaksymalizowania skuteczności swoich działań, zaplanuj je tak, by koncentrować się na JEDNEJ pojedynczej aktywności bądź projekcie przez kilka godzin bez przerwy lub nawet pół dnia zamiast co 60 minut przerzucać się pomiędzy różnymi zadaniami".

Zawsze gdy usłyszysz czy przeczytasz jakąś myśl, która stanowi dla ciebie inspirację, lub natkniesz się na motywującą sentencję i pomyślisz sobie: „Ależ to dla mnie ogromne pole do doskonalenia się", włącz ją do swoich afirmacji. Skupiając się na nich dzień po dniu, zaczniesz scalać te mądrości z własnym sposobem myślenia, co poprawi twoje wyniki i podniesie jakość życia.

Uwagi końcowe na temat afirmacji

- Aby twoje afirmacje były skuteczne, podczas ich wygłaszania powinieneś włączyć emocje. Bezmyślne klepanie w kółko tego samego zdania bez poczucia, że w nie wierzymy, nie przyniesie żadnego efektu. Musisz wziąć odpowiedzialność za wykrzesanie z siebie prawdziwych emocji i tchnąć je w każdą afirmację, którą sobie powtarzasz. Baw się tym. Jeżeli afirmacja cię naprawdę kręci, nic nie stoi na przeszkodzie, żeby ją wytańczyć lub wykrzyczeć!
- Dobre efekty przynosi połączenie afirmacji z fizjologią, np. recytowanie frazy w pozycji wyprostowanej, podczas brania głębokich oddechów, zwijania dłoni w pięść czy w czasie ćwiczeń. Sprzężenie aktywności fizycznej z afirmacjami to znakomity sposób, aby uruchomić energię płynącą ze związku ciało–umysł.
- Pamiętaj, że twoje afirmacje nigdy nie będą miały „ostatecznej wersji", ponieważ przez cały czas powinieneś je aktualizować. Tak jak ty wciąż się uczysz, rozwijasz i zmieniasz, muszą się zmieniać z tobą twoje afirmacje. Jeśli wstajesz, mając w głowie jakiś nowy cel czy marzenie, jakiś nowy pomysł, który chciałbyś wcielić w życie, włącz go do swoich afirmacji. Gdy go osiągniesz albo całkowicie zintegrujesz nowy nawyk ze swoim życiem, możesz stwierdzić, że afirmacja nie jest ci już dłużej potrzebna i wówczas ją usunąć.
- Na koniec, musisz być systematyczny. Afirmacje są codzienne, co oznacza, że musisz je wygłaszać każdego dnia. Powtarzanie afirmacji od czasu do czasu jest równie skuteczne co gimnastyka od przypadku do przypadku. Dopóki nie staną się częścią twojej porannej praktyki,

nie przyniosą żadnych wymiernych rezultatów. O tym w dużym stopniu traktuje rozdział 10. Każda z sześciu praktyk S.A.V.E.R.S. musi ci wejść w nawyk tak, że będziesz ją wykonywał naturalnie i bez żadnego wysiłku.

- I jeszcze jedno: czytanie tej książki – a właściwie każdej książki – jest twoją afirmacją. Wszystko, co czytasz, ma wpływ na twoje myśli. Jeśli regularnie czytasz książki i artykuły motywacyjne, programujesz swój umysł na myśli i przekonania, które pomogą ci osiągnąć sukces.

Wejdź na www.TMMBook.com, aby:

- uzyskać pomoc przy tworzeniu i doskonaleniu własnych afirmacji...
- podejrzeć moje afirmacje...
- przejrzeć i pobrać wysoce skuteczne afirmacje *Miracle Morning* na wszelkie możliwe okazje: schudnięcie, poprawę związków, wzrost energii życiowej, rozwijanie niezwykłej pewności siebie, zarabianie większych pieniędzy, pokonanie depresji i wiele innych...

S.A.V.E.R.S.

V jak *Visualization* (wizualizacja)

Zwyczajni ludzie wierzą tylko w to, co możliwe.
Nieprzeciętni nie wizualizują tego, co możliwe lub prawdopodobne,
a raczej niemożliwe. A wizualizując niemożliwe,
zaczynają to postrzegać jako możliwe.

CHERIE CARTER-SCOTT

Postrzegaj rzeczy, jakimi chciałbyś je widzieć, a nie takimi, jakie są.

ROBERT COLLIER

Wizualizacja, znana również jako wizualizacja kreatywna albo próba myślowa, to praktyka mająca na celu wywołanie pozytywnych skutków w twoim świecie zewnętrznym przy pomocy wyobraźni, która tworzy obrazy pożądanych zachowań i sytuacji w twoim życiu. Wizualizacja polega na dokładnym wyobrażeniu sobie, co chciałbyś zrealizować lub osiągnąć, a następnie przeprowadzeniu próby myślowej, w której wcielasz swoje zamierzenia w życie. Tą techniką często posługują się sportowcy, którzy chcą poprawić swoje wyniki.

Wielu ludzi sukcesu, w tym celebrytów, przyznawało się publicznie do stosowania wizualizacji, twierdząc, że odegrała ona znaczącą rolę w ich karierze. Wśród tych gwiazd znajdują się tacy giganci jak Bill Gates, Arnold Schwarzenegger, Anthony Robbins, Tiger Woods, Will Smith, Jim Carey i jeszcze raz, jedyna i niepowtarzalna, Oprah. (Hm, czyżby istniał związek pomiędzy tym, że Oprah jest jedną z najbardziej wpływowych kobiet na świecie, a faktem, że włączyła do swojej praktyki większość, jeśli nie wszystkie sześć kół ratunkowych S.A.V.E.R.S.?).

Tiger Woods, bezsprzecznie największy golfista wszech czasów, stosuje wizualizację, aby z niesamowitą precyzją posłać piłkę do każdego dołka. Jeszcze inny światowej sławy mistrz golfa, Jack Niklaus, powiedział: „Nigdy nie uderzam kijem w piłkę, nawet podczas treningu, jeśli wcześniej nie wytworzę sobie mentalnego obrazu piłki wpadającej do dołka".

Will Smith stwierdził, że posługiwał się wizualizacją przed trudnymi wyzwaniami i układał sobie w myśli swój sukces, jeszcze zanim stał się naprawdę sławny. Kolejnym dobrym przykładem jest aktor Jim Carey, który w 1987 roku wystawił sobie czek na 10 milionów dolarów. Datował go na „Święto Dziękczynienia 1995" i opatrzył komentarzem „Za rolę". Wizualizował go przez lata i w 1994 roku za rolę w filmie *Głupi i głupszy* otrzymał 10 milionów dolarów.

Co chcesz wizualizować?

Dla większości ludzi przeszłość jest prawdziwą kulą u nogi. Wciąż odtwarzają w głowie dawne porażki i niepowodzenia. Kreatywna wizualizacja pozwala stworzyć własną wizję, która zajmie twój umysł i sprawi, że będzie cię przyciągać przyszłość – bezgraniczna, ekscytująca i pełna uroku.

Najpierw opowiem krótko, w jaki sposób korzystam z wizualizacji, a następnie pokażę ci, jak w trzech łatwych krokach stworzyć własną. Po odczytaniu afirmacji siadam z prostymi plecami na sofie w salonie, zamykam oczy i biorę kilka spokojnych, głębokich oddechów. Przez pięć kolejnych minut po prostu wizualizuję sobie siebie podczas idealnego dnia: wszystkie zadania wykonuję sprawnie, z radością i pewnością siebie.

Na przykład w trakcie miesięcy spędzonych na pisaniu tej książki (no dobra, kogo tutaj bajeruję – lat) na samym początku wizualizowałem siebie, jak piszę – gładko, potoczyście, bez lęku i stresu, bez blokady twórczej, z radością oddając się twórczemu aktowi. Wizualizowałem również rezultat końcowy – ludzie czytają moją wydaną już książkę, są nią zachwyceni i opowiadają o niej swoim przyjaciołom. Wizualizacja pisania książki jako radosnego, wolnego od niepewności procesu, motywowała mnie do podjęcia działania i przezwyciężenia prokrastynacji.

Trzy łatwe kroki ku wizualizacji

Tuż po przeczytaniu afirmacji – w których wyartykułowałeś swoje cele i skupiłeś się na tym, kim musisz się stać, aby przenieść swoje życie na wyższy poziom – przyszedł czas, abyś zwizualizował sobie, jak żyjesz w zgodzie z tymi założeniami.

Krok 1: Przygotuj się

Niektórzy podczas wizualizacji lubią puścić sobie w tle jakąś muzykę instrumentalną – coś z muzyki klasycznej lub barokowej (wypróbujcie Bacha). Muzyka nie powinna wychodzić na pierwszy plan, ale tworzyć tło.

Usiądź prosto, ale wygodnie, na przykład na krześle, sofie, podłodze.

Oddychaj głęboko.

Zamknij oczy, oczyść umysł, przygotuj się do wizualizacji.

Krok 2: Wizualizuj to, czego naprawdę chcesz

Wiele osób ma problem z wizualizowaniem swojego sukcesu, a nawet boi się go osiągnąć. Są tacy, którzy wyczuwają w sobie wyraźny opór. Niektórzy mają wręcz poczucie winy, że gdy osiągną sukces, zostawią za sobą 95% ludzkości.

Dla osób doświadczających przed wizualizacją blokady myślowej lub emocjonalnej pomocny może się okazać słynny cytat z książki *A Return to Love* Marianne Williamson: „Nasz najgłębszy lęk nie wynika stąd, że czujemy się do niczego. Najbardziej boimy się tego, że jesteśmy niezmiernie silni. Nie przeraża nas ciemność, jaką w sobie mamy, ale blask. Zadajemy sobie pytanie: A kim ja jestem, żeby uważać się za ósmy cud świata, za takiego utalentowanego i błyskotliwego? A właściwie dlaczego masz się nie uważać? Jesteś dzieckiem bożym. Twoje umniejszanie się wcale nie służy światu. Nie ma nic mądrego w tym, że będziesz się uważał za nic niewartego, a inni wokół ciebie będą się czuli niepewnie. Mamy wszyscy lśnić, jak dzieci. Narodziliśmy się, aby głosić chwałę Pana, który jest w nas. Nie tylko w wybranych; we wszystkich z nas. I jeśli pozwalamy lśnić własnemu światłu, nieświadomie pozwalamy innym na to samo. Gdy wyzwalamy się z własnych lęków, samą swoją obecnością wyzwalamy innych".

Najcenniejszym darem, jaki możemy ofiarować tym, których kochamy, jest życie pełną piersią, z wykorzystaniem naszych wszystkich możliwości. Jak to wygląda u ciebie? Czego naprawdę chcesz? Zapomnij o logice, granicach i zdrowym rozsądku. Gdybyś mógł mieć coś, o czym marzysz, robić coś, na czym ci zależy, być kimś, kim pragniesz być – co byś miał? Co byś robił? Kim byś był?

Wizualizuj swoje główne cele, najgłębsze pragnienia i najbardziej rozpalające twoją wyobraźnię marzenia (ach, gdyby mi się udało, to byłoby cudownie!). Zobacz, poczuj, usłysz, dotknij, posmakuj, powąchaj każdy szczegółik twojej wizji. Wykorzystaj wszystkie swoje zmysły, dzięki temu twoja wizualizacja stanie się skuteczniejsza. Im bardziej sugestywne będzie twoje wyobrażenie, tym chętniej podejmiesz konieczne działania, aby je urzeczywistnić.

Teraz, szybciutko wybiegnij w przyszłość, aby zobaczyć siebie, jak osiągasz ideał. Możesz spojrzeć w bliską przyszłość – na koniec dnia – albo daleką, tak jak ja podczas pisania tej książki, gdy wizualizowałem ludzi, którzy ją czytają, zachwycają się nią i polecają innym. Ważne, abyś zobaczył, jak osiągasz to, co sobie założyłeś, i doświadczył tego wspaniałego uczucia płynącego z własnych osiągnięć.

Krok 3: Wizualizuj, kim musisz być i co powinieneś zrobić

Gdy masz już przed oczami jasny obraz tego, na czym ci zależy, zacznij wizualizować, jak żyjesz w absolutnej harmonii z tym, kim musisz się stać, aby zrealizować swoją wizję. Zobacz, jak angażujesz się w różne codzienne działania (ćwiczenia, naukę, pracę, pisanie, telefonowanie, wysyłanie e-maili itp.) i upewnij się, że osobie, którą widzisz, sprawiają one radość. Zobacz, jak się uśmiechasz, ćwicząc na bieżni, dumny ze swojej samodyscypliny. Zauważ na swojej twarzy wyraz determinacji, kiedy wytrwale dzwonisz do klientów, pracujesz nad raportem lub zabierasz się wreszcie do projektu, który zbyt długo odkładałeś. Wizualizuj swoich kolegów z pracy, klientów, członków rodziny, przyjaciół i swoją drugą połowę, odpowiadających na twoje pozytywne zachowanie i optymistyczne nastawienie.

Uwagi końcowe na temat wizualizacji

Dołączenie wizualizacji do codziennie wygłaszanych formuł afirmacyjnych zadziała na twoją podświadomość niczym turbodoładowanie. Zaczniesz żyć w zgodzie ze swoją idealną wizją i będziesz się starał ją urzeczywistnić.

Niektórzy znawcy tematu twierdzą, że wizualizacja celów i marzeń przyciąga te wyobrażenia do twojego życia. Bez względu na to, czy wierzysz w to prawo przyciągania, czy nie, wizualizacja działa. Gdy wizualizujesz to, czego pragniesz, budzisz związane z tym emocje, które podnoszą cię na duchu i popychają ku tym wyobrażeniom. Im bardziej obrazowo przedstawiasz sobie swój upragniony cel i im intensywniejszych doznajesz przy tym uczuć, tym bardziej prawdopodobne stanie się to, że uda ci się go osiągnąć.

Jeśli codziennie oddajesz się wizualizacji, dostrajasz myśli i uczucia do swojej wizji. Ułatwia to utrzymanie motywacji, której potrzebujesz do podjęcia koniecznych działań. Wizualizacja może się okazać potężnym narzędziem, które pomoże ci pokonać złe nawyki, choćby prokrastynację, i niezwłocznie podjąć działania prowadzące do osiągnięcia zamierzonych celów.

Proponuję zacząć od 5 minut. Tym niemniej, w kolejnym rozdziale *Miracle Morning w 6 minut* pokażę ci, w jaki sposób możesz czerpać głębokie korzyści z wizualizacji trwającej jedynie minutę dziennie.

Zrób sobie tablicę wizualizacyjną (opcjonalnie)

Tablice wizualizacyjne spopularyzowały się dzięki bestsellerowej książce i filmowi pt. *Sekret.* Tablica wizualizacyjna to coś w rodzaju plakatu, na który naklejasz obrazy przedstawiające to, co chcesz mieć, kim chcesz się stać, co robić, gdzie mieszkać itp.

Tworzenie tablicy wizualizacyjnej to fajna zabawa, której możesz się oddawać samodzielnie, z przyjacielem, z kimś dla siebie ważnym, a nawet ze swoimi dziećmi. Daje ci ona coś namacalnego, na czym możesz się skupić podczas wizualizacji. Jeżeli chciałbyś otrzymać szczegółową instrukcję na temat przygotowywania takiej tablicy, zajrzyj na fantastyczny blog Christiny Kane poświęcony temu zagadnieniu *How To Make A Vision Board* lub sięgnij po darmowy ebook *The Complete Guide To Vision Boards*. Blog i książka dostępne są na stronie internetowej www.ChristineKane.com.

Pamiętaj o tym, że chociaż tworzenie tablicy to świetna zabawa, nic się w twoim życiu nie zmieni bez działania. W pełni się zgadzam z doktorem Neilem Farberem, który stwierdził w swoim artykule zamieszczonym na stronie psychologytoday.com: „Tablice wizualizacyjne są do marzeń, a tablice działań do realizacji celów". Codzienne spoglądanie na tablicę wizualizacyjną może podnieść twój poziom motywacji i pomóc ci skoncentrować się na celach, ale rzeczywiste wyniki osiągniesz tylko wówczas, gdy podejmiesz niezbędne działania.

S.A.V.E.R.S.

E jak *Excercise* (ćwiczenia)

Jeśli nie masz czasu na ćwiczenia, prawdopodobnie będziesz musiał go mieć na chorobę.

ROBIN SHARMA

Większość ćwiczy jedynie wyciąganie pochopnych wniosków, krytykowanie przyjaciół, unikanie odpowiedzialności i igranie z losem.

AUTOR NIEZNANY

Poranne ćwiczenia powinny stanowić ważną część twojego codziennego rytuału. Tylko kilka minut każdego ranka da ci znaczny zastrzyk energii, poprawi stan zdrowia, podniesie pewność siebie i dobrostan emocjonalny, a także poprawi myślenie i koncentrację. Jesteś zbyt zajęty, by wygospodarować trochę czasu na ćwiczenia? W następnym rozdziale pokażę ci, jak zmieścić się z gimnastyką w ciągu zaledwie 60 sekund.

Widziałem niedawno zaskakujący wywiad z Ebenem Paganem, specjalistą do spraw rozwoju osobistego i multimilionerem, który sam doszedł do swojego majątku. Wywiad przeprowadził znany autor bestsellerowych poradników motywacyjnych Anthony Robbins. Tony zapytał: „Eben, co jest twoim kluczem numer jeden do sukcesu?". Rzecz jasna, poczułem się bardzo zbudowany, usłyszawszy odpowiedź: „To, że zaczynam dzień od osobistego rytuału ukierunkowanego na sukces. To mój podstawowy klucz do sukcesu". Potem zaczął mówić o tym, jak ważne są poranne ćwiczenia. „Codziennie rano musisz sprawić, by serce ci szybciej biło, krew żywiej krążyła, a płuca wypełniły się tlenem". I ciągnął dalej: „Nie warto ćwiczyć wieczorem ani w środku dnia. Nawet jeżeli lubisz aktywność fizyczną o tej porze, zawsze przeznacz przynajmniej 10–20 minut rano na pajacyki lub inną formę aerobiku".

Nie sposób przecenić porannej gimnastyki. Ćwiczenia wykonywane tuż po przebudzeniu poprawiają życie na wiele sposobów: pomagają ci się obudzić, rozjaśniają w głowie i dodają energii na cały dzień.

Nie ma znaczenia, czy chodzisz na siłownię, spacerujesz, biegasz, narzuciłeś sobie domowy trening fitness P90X czy bardziej ekstremalny – Insanity. Od ciebie zależy, jaką aktywność wybierzesz. Chciałbym ci jednak coś polecić.

Osobiście, gdybym musiał sobie wybrać jeden jedyny rodzaj ćwiczeń, który miałbym uprawiać do końca życia, bez wątpienia wybrałbym jogę. Zacząłem ją ćwiczyć krótko po tym, jak wymyśliłem *Miracle Morning* i od tamtej pory wciąż ją praktykuję. Uwielbiam to. Joga jest ćwiczeniem totalnym, łączącym stretching z treningiem wysiłkowym, kardio i koncentracją na oddechu, może być nawet formą medytacji.

Poznaj jedyną w swoim rodzaju... Dashamę

Nie mogę mówić o jodze (czy w ogóle o ćwiczeniach), nie wspominając o swojej przyjaciółce, Dashamie. Kilka lat temu jeden z jej uczniów przedstawił mi ją jako najlepszą instruktorkę jogi na świecie. Dashama jest najbardziej autentyczną, najbardziej praktyczną i najbardziej skuteczną nauczycielką jogi, jaką kiedykolwiek spotkałem. Poprosiłem ją, aby opowiedziała ci ze swojego punktu widzenia o korzyściach płynących z uprawiania jogi.

Oddaję głos Dashamie.

Joga to doktryna filozoficzna mająca zastosowanie w najróżniejszych sferach naszego życia: fizycznej, psychicznej, emocjonalnej i duchowej. Nic dziwnego więc, że gdy Hal poprosił mnie, bym na potrzeby tej książki napisała krótkie wprowadzenie do jogi, pomyślałam sobie: ależ joga cudownie harmonizuje z *Miracle Morning*. Z własnego doświadczenia wiem, że joga może zdziałać w życiu cuda. Sama to przeżyłam i byłam świadkiem tego cudu w życiu wielu ludzi na całym świecie.

Ważne, aby pamiętać, że joga przejawia się w rozmaitych formach. Czy siedzisz pogrążony w medytacji, oddychasz, aby zwiększyć pojemność płuc, czy wyginasz się do tyłu, aby otworzyć czakrę serca – w każdym przypadku sobie pomagasz. Wystarczy wiedzieć, które techniki stanowią remedium na jakieś dolegliwości, zastosować je i zniwelować brak równowagi w twoim organizmie.

Wielostronna, zróżnicowana praktyka jogi może poprawić twoje życie na wiele sposobów. Może skompensować wspomniany brak równowagi, odblokować uwięzioną w różnych punktach ciała energię, usprawnić krążenie płynów ustrojowych i energii w organizmie. Namawiam cię, abyś słuchał swojego ciała i gdy poczujesz się gotowy, spróbował różnych asan i całych układów. Jeśli chcesz dowiedzieć się więcej i obejrzeć filmy instruktażowe, zajrzyj na moją stronę internetową pranashama.com.

Serdecznie pozdrawiam,
Dashama

Uwagi końcowe na temat ćwiczeń

Dobrze wiesz, że jeśli chcesz być zdrowy i pełen energii, musisz stale ćwiczyć. To żadna nowość. Niestety, zbyt łatwo przychodzi nam znajdowanie wymówek, dzięki którym odpuszczamy tę aktywność. Dwie najpospolitsze to oczywiście: „nie mam czasu" i „jestem zbyt zmęczony". Ale można je wymieniać bez końca. Im bardziej jesteś kreatywny, tym więcej znajdziesz dla siebie usprawiedliwień, prawda?

Włączenie ćwiczeń w codzienną praktykę *Miracle Morning* to ideał. Ćwiczysz, zanim stłamsi cię dzień, zanim poczujesz się naprawdę zmęczony, zanim będziesz miał czas na znalezienie nowych wymówek. *Miracle Morning* to niezawodny sposób, aby uniknąć tych wszystkich samousprawiedliwień i uczynić z ćwiczeń codzienny nawyk. (Więcej o tym, jak wykształcić dobre nawyki, np. codzienne ćwiczenia, które poprawią jakość twojego życia na wiele lat, znajdziesz w rozdziale 9).

Ostrzeżenie: Wydaje mi się, że to się rozumie samo przez się, ale... przed wdrożeniem jakiegoś programu ćwiczeń powinieneś skonsultować się ze swoim lekarzem, zwłaszcza wtedy, gdy doświadczasz bólu czy dyskomfortu lub cierpisz z powodu jakiejś niepełnosprawności. W takich przypadkach może będziesz musiał zmodyfikować ćwiczenia lub wręcz ich zaniechać i znaleźć inny sposób na zaspokojenie swoich potrzeb.

S.A.V.E.R.S.
R jak *Reading* (czytanie)

Człowiek, który nie czyta, nie ma żadnej przewagi
nad tym, który nie umie czytać.

MARK TWAIN

Czytanie jest dla umysłu tym, czym gimnastyka dla ciała
i modlitwa dla duszy. Stajemy się tym, co czytamy.

MATTHEW KELLY

Czytanie, piąta praktyka S.A.V.E.R.S., to szybka droga do zmiany. To najbardziej bezpośrednia metoda zdobycia wiedzy i strategii, których potrzebujesz, aby osiągnąć najwyższy poziom we wszystkich sferach życia.

Ważne, aby uczyć się od ekspertów, a więc od osób, którym już się udało to, co ty dopiero zamierzasz zrobić. Po co wyważać otwarte drzwi? Najszybszą metodą na sukces jest naśladowanie ludzi, którzy już coś osiągnęli. Książek na każdy możliwy temat jest nieskończenie wiele, więc poprzez codzienną lekturę możesz posiąść bezgraniczną wiedzę.

Niedawno słyszałem, jak ktoś powiedział z pogardą: „Nie czytuję poradników", jakby lektura tego typu książek była poniżej jego godności. Biedak. Nie wiem, czy to z powodu rozdmuchanego ego, czy zwykłej ignorancji, ale stracił okazję zdobycia ogromnej wiedzy, dostępu do oceanu idei, które inspirują do rozwoju i zmiany sposobu życia. Wszystko to mógł uzyskać od największych znakomitości, arcymistrzów w swoich dziedzinach. Chyba nikt przy zdrowych zmysłach by nie odmówił?

Czegokolwiek chcesz od życia, książki pokażą ci, jak to osiągnąć. Pragniesz być zamożny, może nawet chcesz być bogaczem? Proszę bardzo. Jest mnóstwo książek napisanych przez tych, którzy zdobyli ogromny majątek i nauczą cię, jak to zrobić. Oto kilka moich ulubionych:

- *Fastlane milionera**, MJ DeMarco;
- *Myśl i bogać się***, Napoleon Hill;
- *Bogaty albo biedny. Po prostu różni mentalnie*, T. Harv Eker;
- *Total Money Makeover*, Dave Ramsey.

A może chcesz zbudować cudowny związek: romantyczny, ale też wspierający i pełen miłości? Na ten temat napisano więcej książek, niż jesteś w stanie przeczytać przez całą dekadę. Oto próbka:

- *The Five Love Languages*, Gary D. Chapman;
- *The SoulMate Experience*, Jo Dunn;
- *Siedem zasad udanego małżeństwa****, John M. Gottman i Nan Silver.

Bez względu na to, czy pragniesz uzdrowić swój związek, zwiększyć pewność siebie, poprawić umiejętności komunikacyjne lub perswazyjne, dowiedzieć się, jak stać się bogatym, czy poprawić dowolną sferę swojego życia – ruszaj do najbliższej księgarni (albo tak jak ja – wejdź na amazon.com), gdzie znajdziesz mnóstwo książek na każdy interesujący cię temat, który chciałbyś ugryźć. Tym, którzy dbają o środowisko lub są oszczędni, polecam lokalne biblioteki lub odwiedzenie jednej z moich ulubionych stron www.paperbackswap.com.

Pełna lista moich ulubionych książek na temat rozwoju osobistego, łącznie z tymi, które miały największy wpływ na mój sukces i poczucie szczęścia, znajduje się na stronie www.TMMBook.com w zakładce Recommended Reading (Polecane książki).

---

* MJ DeMarco, *Fastlane milionera*, Wydawnictwo Gall, Katowice 2012.

** N. Hill, *Myśli i bogać się*, Studio EMKA, Warszawa 2013.

*** J.M. Gottman, N. Silver, *Siedem zasad udanego małżeństwa*, Wydawnictwo Uniwersytetu Jagiellońskiego, Kraków 2014.

Ile powinieneś czytać?

Sugeruję, żeby się zobowiązać do czytania przynajmniej 10 stron dziennie (choć nawet 5 wystarczy, jeśli wolno czytasz lub czytanie nie sprawia ci jeszcze przyjemności). Odrobina matematyki: 10 stron cię nie złamie, a na pewno zbuduje. Mówimy tu o 10–15 minutach lektury albo 15–30, jeżeli czytasz wolniej.

Spójrz na to tak. Łatwo obliczyć, że czytanie 10 stron dziennie daje w skali roku 3650 stron, co przekłada się na mniej więcej 18 dwustustronicowych książek na temat samorozwoju! Jak myślisz, czy jeśli w ciągu następnych 12 miesięcy przeczytasz 18 takich książek, to będziesz mądrzejszym, bardziej kompetentnym i pewnym siebie – nowym i ulepszonym sobą? Absolutnie tak!

Uwagi końcowe na temat czytania:

- Zacznij, mając w pamięci swój cel. Codziennie, zanim zaczniesz czytać, zastanów się, dlaczego w ogóle to robisz, co chcesz w ten sposób zyskać i pamiętaj o tych odpowiedziach. Następnie pomyśl przez chwilę, czego oczekujesz od książki, którą właśnie czytasz. Czy masz zamiar ją skończyć? I co ważniejsze, czy chcesz wprowadzić w życie to, czego się z niej nauczysz, podjąć działanie i w końcu przejść cały „Trzydziestodniowy kurs przemiany *Miracle Morning*"?
- Wiele osób praktykujących *Miracle Morning* w czasie przeznaczonym na czytanie nadrabia zaległości i zapoznaje się z tekstami religijnymi własnej kultury, np. z Biblią lub Torą.
- Mam nadzieję, że skorzystałeś z mojej rady i podkreślasz, zakreślasz, zaginasz rogi i robisz notatki na marginesach tej książki. Staram się jak najwięcej wyciągnąć z każdej lektury, a także ułatwić sobie znalezienie potrzebnych fragmentów w przyszłości, dlatego podkreślam i zaznaczam wszystko, do czego na pewno będę chciał wrócić (notatki na marginesach mają mi przypomnieć, po co zakreśliłem dany fragment – oczywiście robię tak tylko wtedy, gdy nie jest to książ-

ka z biblioteki). Dzięki temu łatwiej mi będzie przywołać pewne kluczowe myśli i idee oraz odnieść korzyść z ponownej lektury bez konieczności czytania całej książki od deski do deski.

- Gorąco namawiam cię do wielokrotnego czytania dobrych poradników na temat rozwoju osobistego. Rzadko się zdarza, aby po jednokrotnej lekturze przyswoić sobie wszystkie wartości płynące z książki. Nabywanie mistrzostwa w dowolnej dziedzinie wymaga powtórzeń, w tym przypadku ciągłego wystawiania się na działanie pewnych idei, koncepcji i technik, które będą miały szansę wniknąć w twoją podświadomość. Na przykład, jeśli chcesz opanować karate, nie wystarczy, że raz usłyszysz, na czym polega ta technika, byś mógł pomyśleć „umiem". Nie, najpierw opanowujesz wiedzę, trenujesz, potem wracasz do swojego senseia, znów się uczysz i powtarzasz ten proces setki razy. Tylko w ten sposób możesz osiągnąć biegłość w jakiejś sztuce. Opanowywanie techniki samorozwoju działa dokładnie tak samo. Więcej wyniesiesz z ponownej lektury znanej ci książki, zawierającej koncepcje, które mogą ci pomóc w poprawie życia, niż z czytania kolejnej, przed przyswojeniem koncepcji zawartych w pierwszej. Kiedy czytam książkę, która ma realny wpływ na jakiś aspekt mojego życia, od razu sobie postanawiam, że przeczytam ją ponownie (albo przynajmniej wrócę do tych fragmentów, które sobie zakreśliłem). Mam nawet specjalne miejsce na regale, gdzie trzymam książki, które chcę przeczytać od nowa. Książki takie jak *Myśl i bogać się* czytałem po trzy razy i często odwołuję się do nich przez okrągły rok. Ponowne czytanie wymaga dyscypliny, ponieważ z reguły mamy większą frajdę z czytania książki, której jeszcze nie znamy. Powtarzanie bywa nudne i monotonne (co wyjaśnia, dlaczego tak mało ludzi osiąga w czymś mistrzostwo), ale też najlepiej tłumaczy, dlaczego powinniśmy o nim pamiętać – dla samodyscypliny. Dlaczego miałbyś nie spróbować z tą książką? Przyrzeknij sobie, że zaraz gdy ją skończysz, przeczytasz ją jeszcze raz, aby lepiej zrozumieć i dać sobie więcej czasu na opanowanie *Miracle Morning*.

S.A.V.E.R.S

S jak *Scribing* (kaligrafowanie)

Cokolwiek zapisujesz, przelewanie słów na papier
jest formą terapii, która nie kosztuje cię ani grosza.

DIANA RAAB

Frapujące idee mogą pojawić się znienacka i nie wiadomo skąd.
Gorzej z zapisywaniem ich w pamięci – ten atrament szybko blaknie.

ROLF SMITH

Kaligrafowanie to ostatnia praktyka S.A.V.E.R.S. i tak naprawdę chodzi tu o pisanie, lecz błagam, niech tak zostanie. Potrzebowałem tego S na końcu S.A.V.E.R.S. W jak *Writing* (pisanie) zupełnie mi tu nie pasowało. Dziękuję ci, słowniku.

Prowadzenie dziennika

Moją ulubioną formą kaligrafowania jest prowadzenie dziennika i robię to przez 5–10 minut podczas praktyki porannej. Przelewając na papier swoje myśli, możesz w nie zajrzeć, co wcale nie jest takie oczywiste, jeśli istnieją wyłącznie w twojej głowie. Zwyczaj prowadzenia notatek podczas *Miracle Morning* pozwala ci dokumentować chwile olśnień, pojawiające się znienacka myśli, przełomowe odkrycia, zamierzenia, sukcesy, wszystko to, czego się nauczyłeś, ale też nowe możliwości, postępy na drodze rozwoju osobistego itp.

Chociaż od lat zdawałem sobie sprawę z ogromnych korzyści płynących z prowadzenia dziennika, a nawet parę razy tego próbowałem, nigdy nie byłem systematyczny i nie udało mi się włączyć pisania do swojej codziennej praktyki. Zazwyczaj trzymałem dziennik koło łóżka i wracając wieczorem do domu, aż dziewięć razy na dziesięć znajdowałem wymówkę, że jestem zbyt zmęczony, by po niego sięgnąć. Stąd moje dzienniki przeważnie pozostawały puste. Chociaż na półce rosła sterta prawie nieużywanych notatników, co jakiś czas kupowałem sobie nowy (zwykle bardziej wypasiony), przekonując samego siebie, że skoro wydałem na niego tyle pieniędzy, to na pewno zrobię z niego dobry użytek. W teorii brzmi nieźle, prawda? Niestety, mój chytry plan za każdym razem spalał na panewce, a ja przez te wszystkie lata gromadziłem coraz więcej, coraz droższych, ale wciąż pustych notesów.

Tak to wyglądało przed *Miracle Morning*. Natomiast praktyka już od pierwszego dnia dała mi czas i niezbędne ramy, abym mógł pisać w swoim dzienniku codziennie, co szybko stało się jednym z moich ulubionych przyzwyczajeń. Teraz mogę z ręką na sercu powiedzieć, że prowadzenie dziennika należy do moich najbardziej satysfakcjonujących i owocnych praktyk. Nie tylko odnoszę codzienną korzyść z tego, że świadomie kształtuję swoje myśli i przelewam je na papier. Jeszcze więcej zyskuję z ponownego czytania tych wpisów po pewnym czasie, zwłaszcza na koniec roku. Trudno przecenić, jak konstruktywny może być powrót do naszych starych dzienników. Spróbuję cię do tego przekonać.

Pierwszy przegląd dziennika

W ostatni dzień grudnia pierwszego roku praktykowania *Miracle Morning* i prowadzenia dziennika, przeczytałem pierwszą stronę moich zapisków. Dzień po dniu przeglądałem i na nowo przeżywałem cały miniony rok. Miałem wgląd w swój stan ducha w każdym dniu i dzięki temu zyskałem nowe spojrzenie na to, jak rozwinąłem się przez ten rok. Ponowne spojrzenie na moje postępy sprawiło, że od nowa poczułem wdzięczność za to, co udało mi się osiągnąć w ciągu tych 12 miesięcy. Co więcej, odświeżyłem sobie wszystko, czego się nauczyłem, bo – jak się okazało – zdążyłem już wiele zapomnieć.

Wdzięczność 2.0. Doświadczyłem także znacznie głębszego poczucia wdzięczności – w stopniu nieznanym mi wcześniej – i to na dwóch różnych poziomach jednocześnie. Teraz myślę o tym jako o moim pierwszym powrocie do przyszłości. Postaraj się teraz za mną nadążyć (możesz mnie sobie wyobrazić jako Marty'ego de Fly, wysiadającego ze swojego DeLoreana, rocznik 1985). Gdy czytałem swój dziennik, moje obecne ja (które było również moim przyszłym ja, które widziałem oczyma duszy, dokonując zapisków) spoglądało wstecz na ludzi, doświadczenia i osiągnięcia, za które przez cały miniony rok czułem wdzięczność. Przeżywając na nowo tę wdzięczność, czułem się wdzięczny za to, jak daleko zaszedłem od tamtego czasu. To było niezwykłe doświadczenie, trochę nie z tej ziemi.

Przyspieszony rozwój. Później odsłoniła się przede mną największa wartość płynąca z czytania własnego dziennika. Wyjąłem czystą kartkę, podzieliłem ją na dwie kolumny i nadałem im tytuły: odrobione lekcje i nowe postanowienia. Studiując setki swoich wpisów w dzienniku, powtarzałem sobie mnóstwo cennych lekcji.

Proces powtarzania odrobionych lekcji i spisywania nowych postanowień, które mógłbym wprowadzić w życie, wspomógł mój rozwój osobisty bardziej niż cokolwiek innego.

Codzienne prowadzenie dziennika przynosi wielorakie korzyści. O kilku z nich już wspomniałem, poniżej przeczytasz o kolejnych.

- Jasność umysłu – zapisywanie czegoś zmusza do dokładniejszego przemyślenia tego, o czym piszemy, a więc do głębszego zrozumienia. Prowadzenie dziennika pozwoli ci rozeznać się we własnych myślach, uporządkować je i poradzić sobie z problemami.
- Chwytanie idei – prowadzenie dziennika nie tylko pomaga w rozwijaniu własnych pomysłów, ale chroni też przed utratą ważnych idei, które mogą ci się przydać w przyszłości.
- Powtórzenie lekcji – umożliwia ci powtórzenie tego wszystkiego, czego się nauczyłeś.
- Uświadomienie sobie własne postępów – to naprawdę wspaniałe, że możesz wrócić do swoich zapisków sprzed roku, przeczytać je od nowa i zobaczyć, jakie zrobiłeś postępy. To niezwykle wzmacniające i radosne przeżycie, dzięki któremu wzrośnie twoja pewność siebie.

Ciągły niedosyt: pomoc czy kula u nogi?

Na początku tego rozdziału mówiłem o wykorzystaniu kół ratunkowych S.A.V.E.R.S. do zamknięcia luki między tym, co możliwe, a tym, co rzeczywiste. Natura ludzka ma w sobie coś, co nazywam ciągłym niedosytem. Każdy z nas ma skłonność do skupiania się na rozziewie, jaki istnieje pomiędzy tym, co udało nam się osiągnąć, a tym, co moglibyśmy lub chcieli osiągnąć, pomiędzy pozycją, jaką w życiu zajmujemy, a jaką pragnęlibyśmy zajmować, pomiędzy tym, kim jesteśmy, a wyidealizowaną wizją siebie.

Problem polega na tym, że ten ciągły niedosyt działa ze szkodą dla naszej pewności siebie i obrazu własnej osoby – czujemy, że czegoś nam brakuje, za mało osiągnęliśmy lub że nie jesteśmy dość dobrzy, a przynajmniej nie tak dobrzy, jakbyśmy chcieli.

Pod tym względem najgorzej mają ludzie sukcesu, którzy wciąż nie doceniają własnych dokonań albo ich wręcz nie dostrzegają, biczują się za każdy popełniony błąd lub drobną niedoskonałość i nigdy nie mają poczucia, że to, co robią, jest dość dobre.

Na ironię zakrawa fakt, że to właśnie ten niedosyt odpowiada w dużym stopniu za to, kim są. Zachłanne pragnienie zasypania tej przepaści napędza ich do pogoni za doskonałością i wciąż każe im osiągać nowe cele. Niedosyt może być zdrową i produktywna postawą, jeżeli wychodzi od pozytywnego, aktywnego nastawienia do życia – „Chcę żyć pełnią życia i zrobię wszystko, co w mojej mocy, żeby mi się udało" – i nie towarzyszy mu poczucie braku. Niestety, zdarza się to stosunkowo rzadko. U przeciętnej osoby, a nawet przeciętnego człowieka sukcesu, ciągły niedosyt wyrządza więcej szkody niż pożytku.

O tych, którzy odnieśli największe sukcesy, czyli osławiony dziesiąty poziom niemal w każdej dziedzinie życia, można powiedzieć, że rozwijają się harmonijnie. Są to osoby niezmiernie wdzięczne za to, co udało im się osiągnąć, które mają do siebie duży szacunek i zawsze pozostają w zgodzie ze sobą. Przecież w myślach typu „w tym momencie daję z siebie wszystko, ale w tym samym czasie mógłbym wykrzesać z siebie więcej" istnieje wewnętrzna sprzeczność. Zrównoważona samoocena chroni takich ludzi przed poczuciem braku („osiągnąłem zbyt mało, nie dość się staram, jestem nie taki, jaki powinienem być"), a zarazem pozwala konsekwentnie dążyć do zniwelowania rozziewu pomiędzy możliwościami a rzeczywistością.

Poczucie niedosytu dopada nas przeważnie pod koniec dnia, tygodnia, miesiąca lub roku, jednak wtedy dokonanie trafnej oceny siebie i swoich postępów jest już prawie niemożliwe. Na przykład, jeżeli na twojej liście spraw do załatwienie na dany dzień znajduje się 10 rzeczy, to nawet jeśli udało ci się zrobić 6 z nich, niedosyt sprawia, że będziesz z siebie niezadowolony, bo nie zrobiłeś wszystkiego, co zamierzałeś.

Większość ludzi w ciągu dnia robi dobrze setki rzeczy, a tylko kilka im się nie udaje. Zgadnij, które z nich pamiętają i o których myślą bez końca? Czy nie byłoby sensowniej skupić się na tych stu, które zrobiłeś dobrze? Jestem przekonany, że to o wiele przyjemniejsze.

Co to ma wspólnego z prowadzeniem dziennika? Codzienne zapiski w dzienniku i związana z tym zaplanowana strategia (więcej o tym za chwilę) umożliwiają ci skupienie się na tym, co zrobiłeś, za co masz czuć wdzięczność i co jutro chciałbyś zrobić lepiej. Dzięki temu każdy dzień sprawi ci większą radość, będziesz się cieszył ze swoich drobnych postępów i z jasnym umysłem szybciej zmierzał do celu.

Jak z pożytkiem prowadzić dziennik?

Oto trzy łatwe kroki, które pomogą ci zacząć lub odnieść większe korzyści z już prowadzonych zapisków.

- **Wybierz format** – tradycyjny lub elektroniczny. Najpierw musisz się zdecydować, jaki rodzaj dziennika chcesz prowadzić – czy ma to być tradycyjny zwyczajny notes z szeleszczącymi kartkami, czy dziennik elektroniczny, który będziesz prowadził na swoim komputerze, tablecie lub smartfonie. Sam wypróbowałem oba formaty i każdy ma swoje plusy i minusy (o których za chwilę powiem), ale wszystko zależy od tego, co wolisz: czy pisać odręcznie, czy raczej wystukiwać wpisy na jakimś urządzeniu elektronicznym. To prosty wybór.

- **Spraw sobie dziennik.** Na tradycyjny dziennik nada się każdy zeszyt, nawet zwykły kołonotatnik, który można kupić za grosze. Jeśli jednak będziesz chciał go zachować (być może do końca życia), lepiej kupić jakiś ładny i trwały notes, na który również będzie ci się przyjemnie patrzyło. Spraw sobie dziennik liniowany i datowany, z miejscem na wpisy na każdy z 365 dni roku. Przekonałem się, że miejsce specjalnie przeznaczone na codzienne zapiski jakoś zobowiązuje, skoro później od razu widać, kiedy nie odrobiłem lekcji, bo zostają puste miejsca. Zwykle motywuje mnie to do przypomnienia sobie, o czym wówczas myślałem i uzupełnienia pustych pól. Fajnie mieć takie datowane dzienniki z każdego roku, wtedy łatwo do nich wrócić i mieć z tych zapisków jakiś pożytek (patrz wyżej). Do moich ulubionych należy tradycyjny, liniowany i datowany, Winners Journal (www.TheWinnersJournal.com), który prowadziłem w latach 2007–2009 i bardzo wiele z niego skorzystałem. Właściwie to dzięki niemu wpadłem na pomysł zaprojektowania *Dziennika* Miracle Morning (który jest dostępny na Amazonie). Możesz nawet pobrać jego darmowy fragment – adres strony znajdziesz poniżej.

Jeśli preferujesz dziennik w formacie elektronicznym, też masz spory wybór. Moja ulubiona aplikacja nazywa się Five-Minute Journal (dostępna na stronie www.FiveMinuteJournal.com) i cieszy się dużą popularnością. Ułatwia dokonywanie wpisów, podsuwając ci gotowe sformułowania, np. „Jestem wdzięczny za...", czy „Co sprawi, że ten dzień będzie wspaniały?". Uzupełnienie go zajmie ci dosłownie 5 minut albo jeszcze mniej; „opcja wieczorna" pozwala zgrabnie podsumować dzień, a nawet zamieścić zdjęcia, które przydadzą się podczas retrospekcji.

Jeszcze raz przypomnę: wszystko zależy od twoich upodobań. Po prostu wpisz w wyszukiwarce hasło „dziennik online" lub „dziennik" w wyszukiwarce aplikacji i będziesz mógł wybierać do woli.

- Zdecyduj, o czym będziesz pisać. Dziennik może dotyczyć najrozmaitszych aspektów twojego życia, ponieważ istnieją niezliczone podgatunki dzienników – wdzięczności, snów, kulinarne, treningowe itd. Możesz pisać o swoich celach, snach, planach, rodzinie, postanowieniach, o tym, czego się nauczyłeś, co ci się udało i wszystkim tym, co jest dla ciebie ważne i na czym chciałbyś się w życiu skoncentrować. Mój sposób na dziennik się zmienia. Raz wybieram sztywną kompozycję i zapisuję w nim wszystko według schematu: lista rzeczy, za które czuję wdzięczność, rejestr osiągnięć, doprecyzowanie, jakie obszary w życiu chciałbym poprawić, zaplanowanie konkretnych działań, które powinienem w tym celu podjąć. Innym razem jest to całkiem zwyczajny dziennik – data i wpis, co robiłem danego dnia. Przekonałem się, że jeden i drugi sposób jest bardzo dobry, a przecież możliwe są także różne formy pośrednie.

Aby otrzymać darmowy fragment *Dziennika* Miracle Morning, wejdź na stronę www.TMMBook.com.

Czy chcesz napisać książkę?

Według badań zleconych przez „USA Today" 82% Amerykanów chciałoby napisać książkę. Co ich przed tym powstrzymuje? Zgadłeś – nie mogą znaleźć czasu. Jeśli kiedykolwiek marzyłeś o napisaniu książki, możesz wykorzystać na to swój czas przeznaczony na praktykę *Miracle Morning*. Właściwie, to w tej chwili jest 6:03 rano, a ja piszę do ciebie te słowa podczas swojego *Miracle Morning*.

Wierzę, że każdy z nas nosi w sobie książkę, w której mógłby zaofiarować światu swoją własną, niepowtarzalną wartość. W zasadzie niedawno zrobiłem pierwszy krok i uczę wielu moich prywatnych klientów, jak zacząć (lub skończyć) swoją pierwszą (bądź kolejną) książkę i jak napisać taką, która nie tylko stanie się bestsellerem (to akurat łatwe), ale także zapoczątkuje jakiś nowy ruch.

Zawsze uwielbiałem słuchać, co ludzie mają mi do powiedzenia i jakimi opowieściami chcieliby się podzielić. Co takiego by napisali, czyli... wykaligrafowali.

Dostosowywanie S.A.V.E.R.S.

W rozdziale 8 nauczę cię, jak dostosować niemal każdy aspekt *Miracle Morning* do twoich indywidualnych potrzeb i trybu życia. Na razie chcę ci podsunąć kilka rozwiązań dotyczących S.A.V.E.R.S., które pomogą ci zaadaptować tę praktykę do własnego porządku dnia i osobistych preferencji. Być może twoje obecne przyzwyczajenia i obowiązki pozwolą ci tylko na 20 lub 30 minut praktyki *Miracle Morning* w dni powszednie, ale przecież w weekendy możesz to robić dłużej.

Oto przykład dość typowej 60-minutowej ramówki *Miracle Morning,* przy zastosowaniu kół ratunkowych S.A.V.E.R.S.

Miracle Morning – przykładowa ramówka (60 minut) z zastosowaniem S.A.V.E.R.S.

- *Silence* (cisza) – 5 minut
- *Affirmations* (afirmacje) – 5 minut
- *Visualization* (wizualizacja) – 5 minut
- *Excercise* (ćwiczenia) – 20 minut
- *Reading* (czytanie) – 20 minut
- *Scribing* (kaligrafowanie) – 5 minut

Razem: 60 minut

Kolejność wykonywania poszczególnych praktyk również możesz dostosować do swoich upodobań. Niektórzy wolą zaczynać od ćwiczeń, dzięki którym krew szybciej krąży i łatwiej się obudzić. Inni wolą zostawić sobie ćwiczenia na koniec, ponieważ nie lubią siedzieć spoceni podczas praktyki. Ja osobiście lubię zaczynać praktykę od trwania przez jakiś czas w świadomej ciszy – budzę się wtedy powoli, uspokajam umysł, skupiam energię i koncentruję się na swoich celach. Ćwiczenia zostawiam sobie na koniec, potem od razu wskakuję pod prysznic i jestem gotów, aby dalej mierzyć się z dniem. Pamiętaj jednak, że to twój *Miracle Morning* – nie mój – eksperymentuj więc z kolejnością poszczególnych praktyk i sam sprawdź, która ci najlepiej odpowiada.

Uwagi końcowe na temat S.A.V.E.R.S.

Z początku wszystko jest trudne. Każde nowe doświadczenie uwiera. Im częściej będziesz wykonywał, jedną po drugiej, wszystkie praktyki S.A.V.E.R.S., tym bardziej będą ci się wydawać naturalne. Przypomnij sobie, że moja pierwsza medytacja o mały włos okazała się ostatnią, mój umysł galopował jak ferrari po torze wyścigowym, a myśli miotały się chaotycznie niczym srebrna kulka w maszynie do pinballa. Teraz uwielbiam medytować i może nie osiągnąłem w tym zakresie mistrzostwa, ale mogę ze spokojnym sumieniem stwierdzić, że robię to na przyzwoitym poziomie. Podobnie było z moim pierwszym ćwiczeniem jogi. Miałem zesztywniałe stawy i nie potrafiłem wykonać poprawnie żadnej asany, czułem się niezdarny i nieporadny niczym ryba wyciągnięta z wody. Dziś joga jest moją ulubioną formą ćwiczeń i bardzo się cieszę, że nie zraziłem się pierwszymi niepowodzeniami.

Namawiam cię, abyś zaczął praktykować S.A.V.E.R.S. od razu; będziesz miał okazję zapoznać się z każdą z metod i zyskasz solidne przygotowanie przed rozpoczęciem „Trzydziestodniowego kursu przemiany *Miracle Morning*", który znajduje się w rozdziale 10. Jeśli wciąż nie wiesz, jak znaleźć czas, nie martw się, sprawa załatwiona. W następnym rozdziale nauczysz się, jak odbyć całą praktykę *Miracle Morning* w jedyne 6 minut i nie stracić nic ze zbawiennego wpływu S.A.V.E.R.S.

7

Miracle Morning w 6 minut (wszystkie korzyści w 6 minut)

Z jednej strony wszyscy chcemy być szczęśliwi. Z drugiej wiemy, co nas uszczęśliwia. Ale nic nie robimy w tym kierunku? Dlaczego? To proste. Jesteśmy zbyt zajęci. Czym? Pogonią za szczęściem.

MATTHEW KELLY

Nie mam czasu na wczesne wstawanie.

AUTOR NIEZNANY

O, czyżbyś nie miał czasu? Dziwne. Myślałem, że tylko mnie to dotyczy.

Chyba najczęściej zadawane pytanie na temat *Miracle Morning* – obawiam się, że podszyte obawą – brzmi: „ile to ma trwać?". Gdy dokonałem swojego przełomowego odkrycia, że w każdej sferze życia poziom naszych sukcesów (i wykorzystanie własnych możliwości) zależy od stopnia naszego rozwoju osobistego, moim największym wyzwaniem stało się właśnie znalezienie czasu na samodoskonalenie.

Przez następne lata moda na *Miracle Morning* zataczała coraz szersze kręgi, a ja zdałem sobie sprawę z tego, że należałoby bardziej dostosować tę metodę do tempa współczesnego świata, aby nawet najbardziej zapracowany człowiek mógł znaleźć czas na praktykę. Stąd wziął się „*Miracle Morning* w 6 minut" – praktyka, jaką opracowałem z myślą o tych dniach, kiedy to jesteś wyjątkowo zajęty i naprawdę brakuje ci czasu. Mogą też z niej skorzystać wszyscy, których przytłacza aktualna sytuacja życiowa, a sama myśl o dorzuceniu sobie jeszcze jednej rzeczy do zrobienia wyprowadza ich z równowagi.

Sądzę, że zgadzamy się w tej kwestii: zainwestowanie w swój rozwój 6 minut, które pomogą ci stać się osobą, jaką musisz być, jeśli pragniesz sukcesu i szczęścia w życiu, wydaje się nie tylko rozsądne, ale także absolutnie konieczne i możliwe do wykonania nawet wówczas, gdy nie masz czasu. Myślę, że za chwilę poczujesz się przyjemnie zaskoczony, gdy po przeczytaniu tego rozdziału dotrze do ciebie, jaka moc (zrewolucjonizowania życia) tkwi w tych 6 minutach!

A gdyby pierwsze 6 minut każdego twojego poranka wyglądało tak...

Pierwsza minuta...

Wyobraź sobie, że spokojnie budzisz się rano, ziewasz, przeciągasz się i to wszystko z uśmiechem na twarzy. Zamiast nerwowo się zrywać i rzucać gorączkowo do czekających cię zajęć (już w stanie głębokiego stresu), przez minutę siedzisz sobie w ciszy – świadomej ciszy. Po prostu siedzisz, spokojny i wyluzowany... Oddychasz powoli i głęboko. Może odmawiasz modlitwę, aby podziękować za tę chwilę ciszy, albo prosisz o wskazówki do dalszego działania. Może medytujesz. Gdy siedzisz w ciszy, jesteś bez reszty zanurzony w teraźniejszości, w tej chwili. Uciszasz umysł, rozluźniasz ciało i pozwalasz, aby opadło z ciebie całe napięcie. Osiągasz głębszy spokój, poczucie celu, a twoje życie wskakuje na właściwe tory...

Druga minuta...

Wyjmujesz swoje codzienne afirmacje – te, które mają ci przypominać o twoim nieograniczonym potencjale oraz kluczowych celach – i czytasz je wszystkie na głos. Gdy koncentrujesz się na tym, co dla ciebie najważniejsze, rośnie twoja motywacja. Przypominanie sobie dzięki afirmacjom o własnych prawdziwych możliwościach dodaje pewności siebie. Świadomość, do czego się zobowiązałeś, jaki cel ci przyświeca i do czego dążysz, daje ci energię do podjęcia koniecznych działań, aby żyć tak, jak naprawdę chcesz i jak na to zasługujesz, a teraz jeszcze wiesz, że to możliwe...

Trzecia minuta...

Zamykasz oczy lub patrzysz na swoją tablicę motywacyjną. Wizualizujesz sytuację i uczucia towarzyszące jej w chwili osiągnięcia swoich celów. Widzisz idealny dzień: wszystko się świetnie układa, cieszy cię twoja praca, masz uśmiech na twarzy, jesteś ze swoją rodziną lub z kimś dla ciebie ważnym i razem się z czegoś cieszycie, ty zaś z łatwością osiągasz to, co sobie na ten dzień zaplanowałeś. Widzisz, jak to będzie wyglądać, czujesz tamte przyszłe emocje i radość z tego, co stworzysz...

Czwarta minuta...

Wypisanie rzeczy, za które jesteś wdzięczny, z których jesteś dumny i chcesz w tym dniu osiągnąć, zajmie ci minutkę. W ten sposób pracujesz nad swoim stanem ducha, motywacją i pewnością siebie...

Piąta minuta...

Weź do ręki poradnik, który obecnie czytasz, i poświęć jedną cudowną minutę na lekturę. Spróbuj sobie przyswoić jakąś nową ideę, coś, co mógłbyś wykorzystać tego dnia, a co poprawiłoby twoje wyniki w pracy lub relacje z ludźmi. Odkryj coś nowego, dzięki czemu inaczej spojrzysz na siebie, poczujesz większą moc i będziesz lepiej żył...

Szósta minuta...

Na koniec wstań i wykorzystaj ostatnie 60 sekund, żeby się trochę rozruszać. Możesz biec w miejscu, robić pajacyki, pompki lub brzuszki. Chodzi o to, by zmusić serce do większego wysiłku, nabrać energii, oprzytomnieć i lepiej się skoncentrować.

Jak byś się czuł, gdybyś w ten sposób wykorzystywał pierwsze 6 minut każdego dnia? Na ile poprawiłaby się jakość twojego dnia i całego życia?

Wcale cię nie namawiam, żebyś ograniczał swoją poranną praktykę do tych 6 minut dziennie, ale jak już wspomniałem, w takie dni, gdy absolutnie nie masz na nic czasu, „*Miracle Morning* w 6 minut" pozwoli ci zadbać o siebie i twój wewnętrzny rozwój.

8

Jak dostosować *Miracle Morning* do swojego trybu życia, aby zrealizować najważniejsze cele i marzenia?

Miracle Morning to coś absolutnie niezwykłego.
Dzięki codziennej praktyce zyskałam większą świadomość,
zupełnie inny poziom koncentracji i mnóstwo energii. Podoba mi się,
że każdy człowiek, w zależności od swoich przyzwyczajeń i rozkładu dnia,
może ułożyć praktykę pod siebie. Dla mnie, jako właścicielki firmy
i mamy rocznego szkraba, to czas na zastanowienie, modlitwę,
skupienie się na celach i marzeniach, gimnastykę i pozbycie się napięcia.
To również chwile, kiedy mogę poczuć wdzięczność wobec ludzi
i za całe dobro, jakie mnie w życiu spotyka. Dla każdego z nas
tydzień trwa tyle samo – 168 godzin, więc zacznij praktykować *Miracle Morning*,
a odkryjesz w swoim życiu cuda, o jakich ci się nawet nie śniło.

KATIE HEANEY, WŁAŚCICIELKA
HEDGEHOG GROUP, SAINT LOUIS, MISSOURI

Jak dotąd koncentrowaliśmy się głównie na kołach ratunkowych S.A.V.E.R.S., które miały przyspieszyć twój rozwój osobisty podczas praktyki *Miracle Morning*. Trzeba jednak pamiętać, że *Miracle Morning* daje się w stu procentach dostosować do indywidualnych potrzeb. Nie istnieją żadne granice, które nie pozwalałyby tak zmodyfikować tej praktyki, by pasowała do twojego trybu życia, a także pomagała ci w osiąganiu najważniejszych celów i to szybciej niż do tej pory. Zmienić możesz absolutnie wszystko: porę wstawania, czas trwania całej praktyki, wybór konkretnych aktywności i czas ich wykonywania.

Teraz szczegółowo ci o tym wszystkim opowiem. Dowiesz się też kiedy (i co) jeść z rana, jak dostroić *Miracle Morning* do własnych celów i marzeń, co robić w weekendy, jak pokonać prokrastynację.

Obudź się i do dzieła

To pewnie trochę głupio brzmi, ale się do mnie przyczepiło. Właściwie to wcale nie musisz praktykować *Miracle Morning* rano.

Słucham?

Oczywiście poranne wstawanie i aktywne rozpoczynanie dnia ma niezaprzeczalne zalety. Tym niemniej niektórzy, ze względu na charakter swojej pracy i związany z tym tryb życia, nie mają takiej możliwości. To oczywiste, że ktoś pracujący na nocnej zmianie lub bardzo późnym wieczorem, będzie wstawał o innej porze niż osoba, która o dziewiątej wieczorem leży już w łóżku. Wiem, że ludzie są różni i mają różne rozkłady dnia, ale główna zasada jest wciąż ta sama: po prostu codziennie wstajesz wcześniej niż zwykle (przeważnie 30–60 minut), dzięki czemu zyskujesz czas, który możesz poświęcić na samodoskonalenie się, by w ten sposób odmienić swoje życie.

Kiedy, dlaczego i co jeść (rano)?

Pewnie cały czas się zastanawiasz, kiedy, u licha, mam jeść podczas swojej porannej praktyki?! Zaraz ci to wyjaśnię. Oprócz tego kiedy, istotne jest również to, co będziesz jadł. Fundamentalną kwestią jest jednak odpowiedź na pytanie, dlaczego jesz to, co jesz.

Kiedy jeść?

Pamiętaj, że trawienie to jeden z najbardziej energochłonnych procesów życiowych, jakim podlega twoje ciało. Im większy zjesz posiłek, tym bardziej będziesz się czuł oklapnięty. Radzę ci więc, wziąć to pod uwagę i jadać śniadanie po *Miracle Morning*. W ten sposób masz gwarancję, że krew będzie przede wszystkim karmić twój mózg (dzięki czemu podczas praktykowania S.A.V.E.R.S. łatwiej ci będzie zachować przytomność umysłu), a nie żołądek (aby pomóc mu w strawieniu pokarmu).

Jeżeli należysz do ludzi, którzy tuż po wstaniu muszą natychmiast coś zjeść, postaraj się, aby było to coś małego i lekkiego, np. jakiś świeży owoc lub smoothie (więcej o tym za chwilę).

Dlaczego jeść?

Zastanówmy się przez chwilę, dlaczego właściwie jesz to, co jesz. Gdy robisz zakupy w sklepie spożywczym lub wybierasz menu w restauracji, jakie kryteria stosujesz, aby określić, czym nakarmisz swoje ciało? Czy kierujesz się smakiem? Konsystencją? Wygodą? A może swoim zdrowiem? Czy myślisz o wartości energetycznej różnych produktów? O diecie?

Większość ludzi kieruje się przede wszystkim smakiem. Jedzą po prostu to, co im smakuje i na co pozytywnie reagują ich kubki smakowe. W ten sposób przywiązują się emocjonalnie do jedzenia. Jeśli kogoś spytasz: „Dlaczego jesz te lody?", „Dlaczego pijesz ten napój?" lub „Dlaczego kupiłeś tego pieczonego kurczaka?", najprawdopodobniej usłyszysz: „Mmm, szaleję za lodami!", „Uwielbiam ten napój!", „Miałem ochotę na kurczaka z rożna". Wszystkie odpowiedzi bazują na głębokiej przyjemności, jaką czerpiemy ze smaku danego produktu. W takim przypadku istnieje małe prawdopodobieństwo, aby ktoś uzasadniał wybór takiego a nie innego jedzenia jego wpływem na zdrowie lub wartością energetyczną.

Do czego zmierzam. Jeśli chcemy mieć więcej energii (a wszyscy tego chcemy), jeżeli chcemy być zdrowi i nie chorować (a wszyscy tego chcemy), oczywiste jest, że powinniśmy zadać sobie to pytanie – dlaczego jemy właśnie to, co jemy? Powinniśmy (i to jest niezmiernie ważne) przykładać większą wagę do tego, jak jedzenie wpływa na nasze zdrowie i poziom energii życiowej, a nie tylko koncentrować się na smaku. Absolutnie nie twierdzę, że w zamian za korzyści płynące ze zdrowia i dobrego samopoczucia powinniśmy jeść coś, co nam nie smakuje. Możemy mieć jedno i drugie. Oświadczam tylko, że jeśli chcesz tryskać energią, żyć pełnią życia i zachować doskonałe zdrowie, musisz wybierać zdrowe i smaczne produkty, które dostarczą ci niezbędnej energii do działania.

Co jeść?

Zanim porozmawiamy o tym, co jeść, zastanówmy się przez chwilę, co pić. Pamiętaj, że czwarty krok *Niezawodnej metody wstawania w 5 krokach* polega na wypiciu zaraz po wstaniu z łóżka pełnej szklanki wody, aby po całej nocy nawodnić organizm. Zazwyczaj rozpoczynam swoją praktykę od zaparzenia filiżanki „kuloodpornej kawy" (z masłem). Właściwie to nastawiam sobie budzik 15 minut wcześniej, żeby mieć czas na zrobienie kawy i nie urywać go z *Miracle Morning*.

A co jeść? Udowodniono, że dieta bogata w świeże produkty, np. surowe owoce i warzywa, znacznie podnosi poziom energii, poprawia koncentrację i dobrostan emocjonalny, pomaga zachować zdrowie i chroni przed chorobami. Wymyśliłem więc idealne poranne *Miracle Morning smoothie*, w którym znajduje się wszystko to, czego potrzebuje twój organizm! W jego składzie znajdziesz białko (wszystkie niezbędne aminokwasy), antyoksydanty spowalniające procesy starzenia się, kwasy omega-3 (pobudzające odporność, układ sercowo-naczyniowy i krążenie mózgowe) oraz bogaty zestaw witamin i mikroelementów... i to wszystko na dzień dobry. A nie wspomniałem ani słowem o naturalnych suplementach, takich jak stymulujące i podnoszące nastrój fitoskładniki występujące w kakao (z tych tropikalnych ziaren robi się też czekoladę), korzeniu maki (peruwiańskiej rośliny znanej z właściwości wzmacniających i regulujących gospodarkę hormonalną organizmu) czy w bogatych w składniki hamujące apetyt i podnoszące odporność nasionach szałwii hiszpańskiej.

Miracle Morning smoothie nie tylko doda ci energii, ale też bosko smakuje. Może się nawet przekonasz, że dzięki temu super śniadaniu zyskasz moc, która pozwoli ci pchnąć twoje życie na nowe tory. Przepis możesz ściągnąć ze strony www.TMMBook.com.

Pamiętasz stare porzekadło: jesteś tym, co jesz? Zatroszcz się o swoje ciało, a ono zatroszczy się o ciebie. Natychmiast poczujesz różnicę. Będziesz kipiał od energii i żył bardziej świadomie!

Dostrajanie *Miracle Morning* do swoich celów i marzeń

Większości osób stosujących *Miracle Morning* i ludziom sukcesu codzienna praktyka pozwala na lepszą koncentrację na bezpośrednich celach i największych marzeniach. Świetnie się również sprawdzi w przypadku tych, którym coś przeszkodziło w realizacji ambitnych planów (założeniu własnej firmy czy napisaniu książki) albo nie mieli oni na to dość czasu. Koła ratunkowe S.A.V.E.R.S. są idealne, aby poprawić zdolność koncentrowania się na swoich celach i szybciej zrealizować marzenia.

Na przykład przy tworzeniu afirmacji upewnij się, że pozostają one w zgodzie z twoimi pragnieniami, jasno wyrażają, co powinieneś myśleć, w co wierzyć i co robić, aby je urzeczywistnić, a także że wzmacniają twoją niezachwianą decyzję o dokończeniu tego, co już zacząłeś. Czytając je codziennie, będziesz się wciąż koncentrował na swoich priorytetach i krokach, jakie musisz podjąć, aby całość wprowadzić w czyn.

Podczas porannej wizualizacji wyobrażaj sobie, jak gładko i radośnie zmierzasz do celu (tak jak ja to robiłem, pisząc tę książkę) i miej przed sobą wyraźny obraz chwili jego realizacji. Pamiętaj, żeby zaangażować wszystkie swoje zmysły – oglądaj, czuj, smakuj, dotykaj, a nawet wwąchaj się w każdy drobny szczegół swojej wizji i jej idealnego spełnienia. Im wizja będzie bardziej soczysta, tym skuteczniej zwiększy twoje pragnienie i podniesie poziom motywacji do podjęcia codziennych, koniecznych działań.

Jak pokonać prokrastynację?

Jedną z najskuteczniejszych strategii pokonywania notorycznej prokrastynacji i zwiększania swoich możliwości jest zaczynanie dnia od najważniejszych – lub najnudniejszych – zadań.

Słynny specjalista od wydajności pracy, Brian Tracy, pokazuje w swojej bestsellerowej książce *Zjedz tę żabę*, że nieodkładanie na później rzeczy, które mają być zrobione, przynosi zadowolenie i ma korzystny wpływ na wszystko inne. Według niego wykonanie z miejsca trudnego zadania („zjedzenie żaby"), czyli szybkie pozbycie się problemu, nadaje pęd dalszej części dnia, czyniąc go bardziej produktywnym.

W *Miracle Morning* nie tyle chodzi o konkretne formy praktyki, a bardziej o to, aby budząc się, mieć cel, który łączy w sobie korzyści wynikające z wczesnego wstawania i rozwoju osobistego. Nie zmienia to faktu, że wszelkie podejmowane praktyki mają ci pomóc w udoskonaleniu twojego świata wewnętrznego (ciebie) i zewnętrznego (twojego życia).

W tym krótkim rozdziale podrzucę ci kilka pomysłów i strategii, według których będziesz mógł zaprojektować własną praktykę *Miracle Morning* i dopasować ją do swojego trybu życia. Odpowiednio skrojona, doda wartości twojemu życiu i pomoże ci w osiągnięciu najważniejszych celów. Przytoczę też kilka konkretnych przykładów praktyk „z życia wziętych". Stworzyli je dla siebie ludzie bardzo różni – przedsiębiorcy, mamy z małymi dziećmi, licealiści i studenci – dopasowując całość do swoich priorytetów, odmiennych trybów życia i planów dnia.

Miracle Morning podczas weekendów

> Wczesna pobudka w sobotę daje mi szansę, aby wszystko w spokoju dokończyć i pozałatwiać. W dni powszednie żyję pod presją czasu, weekendy są zupełnie inne. Jeżeli wstanę wcześnie rano, jeszcze przed wszystkimi, mogę bez nerwów zaplanować swój dzień, a przynajmniej poranną praktykę.
>
> Oprah Winfrey

Absolutnie zgadzam się z Oprah. Moje pierwsze próby z *Miracle Morning* miały miejsce od poniedziałku do piątku – w weekendy robiłem sobie wolne. Dość szybko zorientowałem się jednak, że w te dni, kiedy praktykowałem, czułem się lepiej, a także byłem bardziej zadowolony i skuteczniejszy w swoich działaniach. Wtedy natomiast gdy przysypiałem, budziłem się jakiś rozmemłany, rozkojarzony i wszystko robiłem bardziej chaotycznie.

Sprawdź to na sobie. Możesz zacząć tak jak ja – praktykować w dni powszednie, a w weekendy zrobić sobie wolne. Obserwuj, jak będziesz się czuł po dłuższym odpoczynku w sobotnie i niedzielne poranki. Jeśli uznasz (jak większość), iż codzienna praktyka ci służy, może się okazać, że najchętniej będziesz ją uprawiał w... weekendy.

Postaraj się, aby twój *Miracle Morning* zawsze był radosny i ekscytujący!

Przez lata mój *Miracle Morning* wciąż ewoluuje. Choć nadal codziennie stosuję S.A.V.E.R.S. i nie widzę powodu, by rezygnować z korzyści, jakie mi dają, sądzę, że warto od czasu do czasu coś zmienić i zamieszać we wszystkich sześciu praktykach. To tak jak w związku – zawsze potrzeba jakiejś odmiany, urozmaicenia, ekscytacji, żeby nie umrzeć z nudów.

Na przykład, co 90 dni, a nawet co miesiąc, możesz zmieniać ustalony porządek swojej praktyki czy dobór technik. Spróbuj inaczej medytować, poszukując w internecie innych technik medytacyjnych lub ściągając na swojego smartfona odpowiednie aplikacje. Możesz wykonać tablicę wizualizacyjną i regularnie ją modyfikować. Jak już wspomniałem wcześniej, powinieneś zawsze uaktualniać swoje afirmacje, aby działały na zmysły i pozostawały w harmonii z twoją wciąż zmieniającą się wizją siebie oraz tym, kim możesz i chcesz się stać.

Zdarza się też, że dostosowuję *Miracle Morning* na chybcika, bo nagle zmienił mi się plan dnia, nad czymś akurat pracuję lub coś mi wypadło. Gdy przygotowuję się do jakiegoś wystąpienia lub zajęć, więcej czasu podczas praktyki poświęcam na powtórzenie i dopracowanie swojej wypowiedzi. Gdy podróżuję z wykładami dla college'ów lub korporacji i zatrzymuję się w hotelach, także modyfikuję praktykę stosownie do okoliczności. Kiedy na przykład mam wystąpić z wykładem lub przeprowadzić warsztaty, a konferencja odbywa się późnym wieczorem, wówczas wstaję nieco później.

Kolejny przykład, tym razem dotyczący dostosowania *Miracle Morning* do projektu, nad którym akurat pracowałem. Przez kilka miesięcy ślęczałem nad dokończeniem tego, co właśnie teraz czytasz. Wtedy moją praktykę zdominowała książka – to na niej koncentrowałem całą swoją uwagę. Wprawdzie nie porzuciłem S.A.V.E.R.S., lecz robiłem tylko skrócone wersje poszczególnych praktyk, więcej czasu poświęcając na pisanie.

Widzisz więc, że zawsze możesz sobie zaprojektować własny *Miracle Morning* i tak go dostosować, aby pasował do twoich potrzeb.

Uwagi końcowe na temat dostosowywania *Miracle Morning*

Ludzie potrzebują zmian. Ważne, aby *Miracle Morning* wciąż miał dla ciebie urok nowości. Jeden z moich pierwszych nauczycieli, gdy poskarżyłem mu się na swoją pracę akwizytora, opowiadając, jak mnie to nudzi, odpowiedział mi: „A czyja to wina, że to takie nudne? Kto jest za to odpowiedzialny, żeby znowu sprawiło ci to przyjemność?". Nigdy nie zapomniałem lekcji, jakiej mi wówczas udzielił. Czy chodzi o nasze przyzwyczajenia, czy relacje z innymi, to na nas spoczywa odpowiedzialność. To my musimy aktywnie i systematycznie nad nimi pracować, jeśli chcemy, aby były takie, jak sobie wymarzyliśmy.

Pamiętaj, z chwilą gdy przyjmiesz całkowitą odpowiedzialność za wszystko w twoim życiu, zyskujesz siłę, aby zmienić w nim wszystko, co tylko zechcesz.

9

Od przykrości do radości

Jak ukształtować nawyki, które zmienią twoje życie (w 30 dni)

Ludzie sukcesu nie rodzą się tacy. Swoje sukcesy zawdzięczają nawykowi robienia rzeczy, których biedacy nie lubią robić. Ludzie sukcesu też nie zawsze je lubią, ale zakasują rękawy i biorą się do roboty.

DON MARQUIS

Motywacja daje ci impuls do działania. Nawyk – każe ci dążyć do celu.

JIM ROHN

Mówi się, że jakość naszego życia zależy od jakości naszych przyzwyczajeń. Jeżeli ktoś odniósł w życiu sukces, oznacza to, że po prostu ma odpowiednie nawyki, które mu w tym pomogły i dzięki którym wciąż trzyma poziom. Z drugiej strony, jeżeli komuś nie udało się zrealizować tego, o czym marzył – wszystko jedno w jakiej dziedzinie – oznacza to, że nie wykształcił w sobie stosownych nawyków, które by mu to umożliwiły.

Zważywszy, że to przyzwyczajenia kształtują nasze życie, najważniejszą umiejętnością, jaką możemy posiąść, jest kontrolowanie własnych nawyków. Musisz odkryć, wypracować i podtrzymać te nawyki, które są niezbędne do osiągnięcia zamierzonych celów. W tym samym czasie musisz się nauczyć pozbywać negatywnych przyzwyczajeń, które nie pozwalają ci wykorzystać wszystkich swoich możliwości.

Przyzwyczajenia to regularnie powtarzane zachowania, do których popycha nas nieświadomość. Bez względu na to, czy zdajesz sobie z tego sprawę, czy nie, twoje życie zostało ukształtowane, i będzie kształtowane nadal, przez nawyki. Jeśli nie masz nad nimi kontroli, one mają kontrolę nad tobą.

Niestety, jeżeli jesteś taki jak wszyscy, nikt cię nigdy nie nauczył, jak skutecznie wcielić w życie i utrzymać (czy inaczej „opanować") pozytywne nawyki. W szkołach nie ma takiego przedmiotu jak „kształtowanie stosownych nawyków". A powinien być. Takie zajęcia pewnie bardziej by ci pomogły w życiu niż wszystkie kursy razem wzięte.

Ponieważ ludzie nigdy nie nauczyli się panować nad swoimi przyzwyczajeniami, większość potyka się praktycznie przy każdej próbie ich kontrolowania. Weźmy na przykład postanowienia noworoczne.

Notoryczne niepowodzenie: postanowienia noworoczne

Co roku miliony ludzi robią postanowienia noworoczne. Wszyscy są pełni szczerych chęci, lecz tylko pięciu procentom z nich uda się dotrzymać tych przyrzeczeń. Postanowienie noworoczne to nic innego jak pozytywny nawyk (np. ćwiczenia czy poranne wstawanie), który chciałbyś włączyć w swoje życie lub negatywny (palenie papierosów czy jedzenie fast foodów), którego chciałbyś się pozbyć. Nietrudno zgadnąć i niepotrzebne są do tego żadne statystyki, że u większości ludzi postanowienia noworoczne biorą w łeb na długo przed końcem stycznia.

Niewykluczone, że spotkałeś się z tym zjawiskiem. Jeżeli choć raz byłeś na siłowni tuż po Nowym Roku, pewnie trudno było ci znaleźć wolne miejsce parkingowe. Wszystkie były już zajęte przez samochody ludzi pełnych szczerych chęci, którzy postanowili, że schudną albo wymodelują sylwetkę. Jeśli jednak byłeś też na siłowni pod koniec miesiąca, połowa miejsc parkingowych pewnie opustoszała. Absolutna większość z nas nie ma żadnej sensownej strategii, która pomogłaby nam wytrwać.

Dlaczego tak trudno wdrożyć i utrzymać zdrowe nawyki, które są niezbędne do długiego, szczęśliwego i pełnego sukcesów życia?

Uzależnieni od znanego: zmiana boli

Niestety, na pewnym poziomie wszyscy jesteśmy uzależnieni od swoich nawyków. Każde przyzwyczajenie, wzmacniane przez ciągłe powtórzenia, wrasta głęboko w nasze ciało oraz emocje i dlatego bardzo trudno je zmienić. Trudno, jeśli nie mamy żadnej skutecznej i sprawdzonej strategii.

Główną przyczyną niepowodzenia starań mających na celu wykształcenie nowych nawyków jest niewiedza. Większość z nas po prostu nie wie, czego się spodziewać, i nie dysponuje strategią, dzięki której takie wysiłki zakończyłyby się sukcesem.

Ile naprawdę potrzeba czasu, aby ukształtować nowy nawyk?

Odpowiedź na to pytanie bywa bardzo różna w zależności od tego, jakiego specjalisty zapytamy lub po jaki artykuł poświęcony temu zagadnieniu sięgniemy. W każdym przypadku uzyskamy nieodparte dowody na to, że aby wykształcić w sobie nowy nawyk (albo pozbyć się starego) wystarczy nam jeden seans hipnozy, a czasem będziemy potrzebowali 21 dni lub nawet 3 miesięcy.

Popularny mit o 21 dniach pochodzi zapewne z wydanej w 1960 książki *Nowa psychocybernetyka, czyli jak być panem samego siebie**. Doktor Maxwell Maltz, chirurg kosmetyczny, odkrył, że ludzie po amputacjach potrzebują przeciętnie 21 dni, aby przyzwyczaić się do braku utraconej kończyny. To według niego dowodzi, że wystarczą 3 tygodnie, by przystosować się do każdej kluczowej zmiany w życiu. Inni mogliby z kolei dodać, że to, ile czasu potrzeba, aby przyzwyczajenie stało się drugą naturą, zależy od stopnia komplikacji danego przyzwyczajenia.

Z własnego doświadczenia i pracy z setkami klientów wyciągnąłem wniosek, że w ciągu 30 dni jesteś w stanie zmienić swoje nawyki, pod

* M. Maltz, *Nowa psychocybernetyka, czyli jak być panem samego siebie*, Studio EMKA, Warszawa 2003.

warunkiem że dysponujesz właściwą strategią działania. Problem polega na tym, że większość ludzi nie ma żadnego planu, nie wspominając już o tym właściwym. W ten sposób, rok za rokiem, tracą wiarę w siebie, a wraz z tym zdolność do wprowadzenia jakiejkolwiek pozytywnej zmiany. Kolejne nieudane próby sumują się i odbierają chęć do dalszych działań. Coś trzeba zmienić.

W jaki sposób możesz stać się panem swoich nawyków? Jak możesz przejąć całkowitą kontrolę nad własnym życiem i swoją przyszłością? Musisz się nauczyć rozpoznawać, kształtować i podtrzymać pozytywne nawyki, a także pozbywać się tych niechcianych. Zaraz zapoznam cię z właściwą strategią, o której istnieniu zapewne wcześniej nie miałeś bladego pojęcia.

Skuteczna 30-dniowa strategia *Miracle Morning* „Jak panować nad swoimi nawykami"

Jedną z głównych przeszkód powstrzymujących ludzi przed kształtowaniem i utrzymaniem w życiu pozytywnych nawyków jest brak właściwej strategii. Nie wiedzą oni, czego mają się spodziewać i zupełnie nie są przygotowani na to, że przyjdzie im się zmierzyć z różnymi wyzwaniami psychicznymi i emocjonalnymi, które stanowią nieunikniony element w procesie nabywania nowych przyzwyczajeń.

Zaczniemy od podzielenia 30-dniowego okresu, jaki jest konieczny, aby ukształtować jakiś nowy nawyk (lub pozbyć się starego) na trzy 10-dniowe fazy. Każda z nich konfrontuje nas z innym zestawem problemów psychicznych i emocjonalnych, które mogą stanąć na drodze do nowego przyzwyczajenia. Przeciętny człowiek nie zdaje sobie sprawy z tych trudności, kiedy więc przyjdzie mu się z nimi zmierzyć, z miejsca się poddaje, ponieważ nie wie, jak je pokonać.

Faza 1 (dni 1.– 10.): Przykrość

Pierwsze 10 dni kształtowania nowego nawyku lub pozbywania się starego może być nie do zniesienia. Chociaż początkowo możesz być podekscytowany – ponieważ robisz coś nowego – przedsięwzięcie szybko traci urok i wkrada się szara rzeczywistość. Nienawidzisz tego. To bardzo nieprzyjemne i wcale nie takie zabawne. Z całych sił zaczynasz sprzeciwiać się zmianie. Twój umysł się broni i myślisz sobie: „Jak ja tego nienawidzę". Ciało stawia opór i wysyła ci sygnał: „To mi się wcale nie podoba i źle się z tym czuję".

Jeśli chcesz ukształtować w sobie nawyk wczesnego wstawania (co ci się od razu przyda), przez pierwsze 10 dni możesz doświadczać takich uczuć: [dzwoni budzik] „O Boże, to już rano! Ale mi się nie chcę wstać. Jestem taaaki zmęczony. Muszę jeszcze dospać. No dobra, dziesięć minut" [wciskasz guzik „drzemka"].

Większość ludzi nie uświadamia sobie, że 10 pierwszych dni, które wydają się im nie do zniesienia, to sytuacja przejściowa. Sądzą, że tak już będzie zawsze, a nowe przyzwyczajenie jest wielką niewygodą. Mówią sobie: „Jeżeli ten nowy nawyk jest tak nieprzyjemny, dziękuję bardzo. Mam tego dość".

W rezultacie 95% społeczeństwa – czyli ta większość składająca się z ludzi niczym się niewyróżniających – raz za razem zalicza wpadkę: czy chodzi o rozpoczęcie ćwiczeń, rzucenie palenia, lepszy sposób odżywiania, nieprzekraczanie budżetu domowego, czy jakikolwiek nawyk, który mógłby poprawić jakość życia.

Właśnie tutaj masz przewagę nad innymi. Skoro jesteś przygotowany, że w ciągu pierwszych 10 dni będzie wprawdzie ciężko, ale to minie i wiesz, że to cena, jaką musisz zapłacić za sukces, masz szansę pokonać trudności i osiągnąć cel! Jeżeli korzyści są dostatecznie duże, przez 10 dni można chyba zaciskać zęby, prawda?

Musisz więc liczyć się z tym, że pierwsze 10 dni wdrażania nowego nawyku to żadna frajda. Będziesz się buntował. Czasami możesz tego nienawidzić. Ale jesteś w stanie to zrobić, zwłaszcza gdy weźmiesz pod uwagę, że od tej pory będzie z górki, a w nagrodę dostaniesz –

ach, zwykły drobiazg – możliwość zyskania wszystkiego, czego tylko pragniesz.

Faza 2 (dni 11.– 20.): Niewygoda

Gdy już przetrzymasz pierwsze 10 dni – bez dwóch zdań najtrudniejsze – rozpoczynasz drugą 10-dniową fazę, która jest zdecydowanie łatwiejsza. Zaczniesz się przyzwyczajać do nowego nawyku. Zyskasz też pewność siebie i związane z tym pozytywne skojarzenia.

Druga faza jest wprawdzie do zniesienia, ale nadal odczuwasz pewną niewygodę, dlatego tak jak w poprzednich dniach konieczne będzie zaangażowanie i samodyscyplina. Na tym etapie wciąż będzie cię kusiło, by wrócić do starych zachowań. Odwołując się do przykładu porannego wstawania, dalej będzie ci łatwiej przysnąć, ponieważ bardzo długo to robiłeś. Zaangażuj się całym sobą. Przeszedłeś już drogę od przykrości do radości i zaraz się przekonasz, na czym polega ta RADOŚĆ.

Faza 3 (dni 21.–30.): Radość

Gdy rozpoczynasz ostatnią fazę – jesteś w domu. Nieliczni, którym udało się zajść tak daleko, zawsze popełniają w tym momencie zasadniczy błąd: czepiają się sztandarowej zasady głoszonej przez wielu specjalistów, że na ukształtowanie nowego nawyku potrzeba tylko 21 dni.

Jest w tym trochę prawdy. Rzeczywiście, ukształtowanie nowego nawyku zajmuje 21 dni, czyli pierwsze dwie fazy. Tym niemniej trzecia, 10-dniowa faza, jest kluczowa dla podtrzymania twojego nowego nawyku na dłuższą metę. W czasie tych 10 dni wzmacniasz swoje nowe przyzwyczajenie i związaną z nim przyjemność. Przez pierwsze 20 dni ten nowy nawyk kojarzył ci i się głównie z przykrością i niewygodą. Teraz, zamiast czuć nienawiść i sprzeciw, zaczynasz być z siebie dumny, że udało ci się zajść tak daleko.

To w trzeciej fazie następuje rzeczywista zmiana, ponieważ dopiero teraz nowy nawyk staje się częścią twojej tożsamości. Wreszcie przekraczasz granicę pomiędzy tym, co starasz się osiągnąć, a tym, kim się stajesz. Zaczynasz postrzegać siebie jako osobę, która zintegrowała nowy nawyk ze swoim życiem.

Wróćmy do naszego przykładu z porannym wstawaniem. Wyszedłeś od nastawienia „przecież nie jestem skowronkiem" i doszedłeś do punktu „jestem skowronkiem!". Zamiast drżeć na myśl o budziku, teraz gdy rano dzwoni alarm, chce ci się wstać i zacząć dzień, bo robiłeś tak przez 20 dni z rzędu. Nareszcie zaczynasz doświadczać korzyści płynących z nowego nawyku.

Na tym etapie zbyt wiele osób popada w nadmierną pewność siebie i myśli: „Robiłem tak przez 20 dni, to teraz wezmę sobie kilka dni wolnego". Ich błąd polega na tym, że właśnie te pierwsze 20 dni to najtrudniejsza część zadania. Jeśli zrobią sobie parodniową przerwę, zanim na dobre wzmocnią nawyk, niełatwo im będzie do niego wrócić. Dopiero w ostatniej fazie zaczynają czerpać z niego przyjemność i zyskują gwarancję, że – utrwalony – zostanie z nimi w przyszłości.

Ale ja nie znoszę biegać

– Ale ja właściwie nie jestem biegaczem, Jon. Szczerze mówiąc, nie znoszę biegać. Po prostu nie dam rady.

– Daj spokój, Hal, przecież tu chodzi o pieniądze dla fundacji Front Row – odpowiedział Jon Berghoff. – Posłuchaj mnie, ja też nie sądziłem, że dam radę pobiec w maratonie, ale jak już się zdecydujesz, to sam znajdziesz sposób, by sprostać temu zadaniu. Mówię ci, to fantastyczna sprawa, doświadczenie życia!

– Jeszcze się zastanowię.

Mówiąc Jonowi, że się zastanowię, chciałem go po prostu spławić. Nie zrozum mnie źle, absolutnie popieram działalność fundacji Front Row i wierzę, że robi świetną robotę. Przez lata ją wspierałem, ale o wiele łatwiej wypisać czek niż pobiec w maratonie. Jeśli mnie nikt nie gonił, w ciągu 10 lat od ukończenia liceum przebiegłem z własnej woli może kilka niedługich odcinków. A nawet w szkole biegałem tylko dlatego, że trzeba było zaliczyć lekcje wuefu.

Oprócz tego, od czasu gdy w wieku 20 lat złamałem w wypadku miednicę i kość udową, zawsze bałem się tego, co może mi się stać, jeśli będę nadmiernie obciążał nogi. Szczerze mówiąc, za każdym razem gdy jeździłem na nartach, prześladowały mnie wizje katastrofy. Wyobrażałem sobie, że zaliczam poważny upadek, a metalowy pręt, jaki miałem w nodze, przebija mi skórę i wychodzi na zewnątrz. To makabryczna myśl, ale poważny wypadek i obawa, że nigdy nie będę chodził, zrobiły swoje.

Tydzień od rozmowy z Jonem jedna z moich klientek, Katie Fingerhut, ukończyła swój drugi maraton. „Hal, to wspaniałe uczucie... Czuję, że teraz mogę wszystko", powiedziała mi.

Po tych entuzjastycznych przemowach na temat udziału w maratonach, zaczęła mi świtać pewna myśl. Może nadszedł czas, abym porzucił ograniczające mnie nastawienie, że nie jestem biegaczem i po prostu zaczął biegać. Pomyślałem sobie, że skoro oni mogli, to ja też dam radę. I postanowiłem się wziąć do roboty.

Następnego ranka założyłem buty do koszykówki (brzmi znajomo?) i z zamiarem zrobienia swojej pierwszej mili na drodze wiodącej do maratonu, wybiegłem z domu. Tak naprawdę, to nie mogłem się doczekać! (Pamiętasz, pierwsze dni wdrażania nowego nawyku zawsze są ekscytujące).

Zainspirowany i zmotywowany, przemierzyłem podjazd, wybiegłem na chodnik i ruszyłem przed siebie. Niestety, na krawężniku podwinęła mi się noga i upadłem. Leżałem na chodniku, krzywiąc się z bólu i masując nogę w kostce. Przemknęło mi przez głowę: „Nic się nie dzieje bez przyczyny, pewnie nie powinienem dzisiaj zaczynać... spróbuję jutro". I tak się stało.

30 dni: od przykrości do radości

Następnego dnia oficjalnie rozpocząłem przygotowania do maratonu. Mój entuzjazm skończył się po kilku przecznicach, gdy fizyczny ból przypomniał mi o tym, w co wierzyłem przez lata: że nie jestem biegaczem. Bolały mnie biodra. Dawała o sobie znać kość udowa. Ale byłem oddany sprawie.

Dokończyłem swoją pierwszą uciążliwą milę, uświadomiłem sobie jednak, że potrzebuję pomocy – musiałem mieć jakiś plan. Pojechałem do księgarni, gdzie znalazłem idealną dla siebie książkę *The Non--Runner's Marathon Trainer* Davida Whitsetta. Teraz miałem już odpowiednią strategię.

(Dni 1.– 10.)

Pierwszych 10 dni biegania to było dla mnie prawdziwe wyzwanie psychiczne, zaś pod względem fizycznym wcale nie było lepiej – wszystko mnie bolało. Dzień w dzień toczyłem w swojej głowie nieustanną walkę z wewnętrznym głosem własnej przeciętności, który starał się mnie przekonać, że świat się nie zawali, jeśli zrezygnuję. Ale byłem twardy.

„Rób to, co słuszne, a nie to, co łatwe" – powtarzałem sobie raz po raz. Wciąż biegałem i byłem oddany sprawie.

(Dni 11.– 20.)

W drugiej fazie bolało tylko trochę mniej. Nadal nie lubiłem biegania, ale przynajmniej nie ziałem już nienawiścią. Po raz pierwszy w życiu kształtowałem u siebie nawyk codziennego biegania, które przestawało być dla mnie przerażającą aktywnością. Po niemal dwóch tygodniach codziennego biegania wydawało mi się całkiem normalne, że wstaję rano i idę pobiegać. Zawziąłem się.

(Dni 21.– 30.)

Trzecia faza była już prawie przyjemna. Niemal zapomniałem, co to znaczy nienawidzić biegania. Robiłem to dość bezwiednie. Po prostu wstawałem, zakładałem buty do biegania (tak, zainwestowałem w jedną parę) i przemierzałem kolejne mile. Wewnętrzne walki miałem już za sobą, teraz zastąpiły je wypowiadane na głos afirmacje lub nagrania motywacyjne, których słuchałem podczas biegania. W ciągu 30 dni pokonałem negatywne nastawienie, że nie potrafię biegać. Stawałem się... biegaczem, choć w najśmielszych marzeniach nigdy bym się o to nie posądzał.

Dalsza opowieść: 52 mile do wolności

Dokładnie w 30 dni po tym, jak wkręciłem się w bieganie – dla mnie wyczyn nie z tej ziemi – miałem na liczniku 50 mil (80 km) i wziąłem udział w swoim pierwszym biegu na 6 mil (ok. 10 km). Zadzwoniłem do Jona, żeby mu się pochwalić. Strasznie się ucieszył, a ponieważ nigdy nie przepuści okazji, aby mną trochę potrząsnąć i dać impuls do dalszego rozwoju, postawił przede mną nowe wyzwanie. Znał mnie na tyle, by wiedzieć, że w stanie pozytywnego nakręcenia, łyknę każdą przynętę.

– Hal, a może pobiegłbyś w ultramaratonie? Skoro startujesz w maratonie, równie dobrze możesz zrobić dwa razy tyle.

Cały Jon.

– Zastanowię się.

Tym razem, mówiąc Jonowi, że się zastanowię, naprawdę nie ściemniałem. Zaintrygował mnie pomysł, aby dać z siebie jeszcze więcej i rzeczywiście przebiec te 52 mile na raz (83 km). Może Jon miał rację. Skoro miałem przebiec 26 mil, dlaczego miałbym nie przebiec 52. Cholera, przecież w ciągu zaledwie czterech tygodni, zaczynając od zera, zrobiłem za jednym zamachem 6 mil. Do dorocznego biegu charytatywnego na rzecz fundacji Front Row zostało jeszcze sześć miesięcy, więc dlaczego by nie podnieść poprzeczki nieco wyżej i nie wystartować w ultramaratonie? Jak postanowiłem, tak zrobiłem, a na dodatek udało mi się przekonać przyjaciółkę i dwóch dzielnych klientów, aby do mnie dołączyli!

Pół roku później miałem już na koncie 475 mil (760 km), wliczając w to trzy biegi na 20 mil (32 km) każdy. Z tym wynikiem pojechałem przez cały kraj do Atlantic City, by spotkać się z dwojgiem moich ulubionych klientów, Jamesem Hillem i Favianem Valencią, oraz moją długoletnią przyjaciółką, Alicią Anderer. Wszyscy mieliśmy zamiar wystartować w maratonie Atlantic City i przebiec 52 mile. Zjawił się nawet Jon, żeby nas dopingować. Wystąpił jednak drobny problem logistyczny – bieg nie został zaplanowany jako „ultra". Postanowiliśmy improwizować.

Spotkaliśmy się na promenadzie przy plaży o wpół do czwartej po południu. Naszym celem było przebiec 26 mil jeszcze przed rozpoczęciem oficjalnego maratonu, a potem dokończyć drugą połowę z regularnymi uczestnikami biegu. To było fantastyczne przeżycie. Nasze uczucia stanowiły dziwną mieszankę podniecenia i lęku, entuzjazmu i zwątpienia. Naprawdę mieliśmy to zrobić?

Gdyby księżyc jaśniej świecił, moglibyśmy zobaczyć, jak w zimnym październikowym powietrzu bucha nam para z ust. Tym niemniej trasa była całkiem dobrze oświetlona, więc wystartowaliśmy. Krok za krokiem posuwaliśmy się naprzód. Wszyscy byliśmy zgodni, że tego dnia kluczem do naszego sukcesu jest konsekwentne parcie do przodu. Dopóki nie przestaniemy stawiać jednej nogi za drugą, dopóki będziemy się poruszać, w końcu dotrzemy do celu.

Po 6 godzinach i 5 minutach, w dużym stopniu dzięki temu, że działaliśmy jako grupa, wzajemnie się wspierając, ukończyliśmy pierwsze 26 mil. To był dla nas moment przełomowy. Wcale nie z powodu dystansu, który mieliśmy za sobą, ale z powodu hartu ducha, w jaki musieliśmy się uzbroić, aby zrobić jeszcze jedną taką trasę.

Emocje, jakie nas przepełniały jeszcze 6 godzin temu, zniknęły na dobre. Teraz odczuwaliśmy nieznośny ból, zmęczenie i totalne wyczerpanie psychiczne. Biorąc pod uwagę stan, w jakim się znajdowaliśmy, wcale nie mieliśmy pewności, czy uda się nam powtórzyć ten dystans. Ale udało się.

Po 15 godzinach i 30 minutach od startu James, Favian, Alicia i ja ukończyliśmy naszą wspólną, trwającą 52 mile, przygodę. Noga za noga, krok za krokiem, biegliśmy, truchtaliśmy, szliśmy, kuśtykaliśmy, aż wreszcie dosłownie dowlekliśmy się jakoś do linii mety.

Po drugiej stronie tej linii czekała nas wolność – tego rodzaju wolność, jakiej nikt ci nie odbierze, wolność od ograniczeń, które sami na siebie nakładamy. Choć dzięki treningom przyzwyczailiśmy się do myśli, że jesteśmy w stanie przebiec 52 mile bez przerwy, to w głębi serca nikt z nas do końca nie wierzył, że to się może udać. Każdy z osobna zmagał się z własnym lękiem i wątpliwościami. Ale w chwili przekroczenia linii mety daliśmy sobie prezent w postaci wyzwolenia się od wszelkich lęków, wątpliwości i samoograniczeń.

To właśnie wówczas zdałem sobie sprawę z tego, że ten dar wcale nie jest zarezerwowany dla wybranych. To wolność dostępna dla każdego z nas od momentu podjęcia prawdziwego wyzwania, kiedy decydujemy się opuścić wygodny kokon, rozwijać się, poszerzać swoje możliwości, być kimś lepszym niż wcześniej oraz robić i dawać z siebie więcej niż do tej pory. Oto prawdziwa wolność.

Czy jesteś gotowy na prawdziwą wolność?

„Trzydziestodniowy kurs przemiany *Miracle Morning*" (następny rozdział) umożliwi ci pokonanie ograniczeń, jakie sam na siebie nałożyłeś, abyś mógł być tym, kim chcesz, oraz robić i mieć w życiu to, o czym marzysz, szybciej niż ci się to wydaje możliwe. *Miracle Morning* to codzienna praktyka, która zmieni twoje życie. Ci, którzy jej zakosztowali, pokochali ją od pierwszego dnia. Przejście całego kursu będzie wymagać od ciebie prawdziwego zaangażowania, ale wcale niewykluczone, że później będziesz chciał to robić przez całe życie.

Po tych 30 dniach spotkasz nowego siebie – osobę, która powoli stanie się kimś, kto będzie potrafił stworzyć dla siebie życie, o jakim marzy. Doprawdy, czy może być coś bardziej porywającego?

10

Trzydziestodniowy kurs przemiany *Miracle Morning*

Niezwykłe życie polega na codziennym i nieprzerwanym udoskonalaniu tych obszarów, na których nam najbardziej zależy.

ROBIN SHARMA

Życie zaczyna się po opuszczeniu wygodnego kokonu.

NEALE DONALD WALSH

Zabawmy się przez chwilę w adwokata diabła. Czy *Miracle Morning* rzeczywiście może odmienić twoje życie już w 30 dni? No, śmiało – czy w ogóle cokolwiek może mieć aż tak znaczący wpływ w tak krótkim czasie? Cóż, pamiętaj, że w moim przypadku tak właśnie było i to wówczas, gdy znajdowałem się na dnie. Sprawdziło się u tysięcy innych osób, z których każda stała się kimś niezwykłym.

W poprzednim rozdziale nauczyłeś się najprostszej i najskuteczniejszej metody, dzięki której w ciągu 30 dni można trwale ukształtować dowolny nawyk. Podczas „Trzydziestodniowego kursu przemiany *Miracle Morning*" określisz, jakie nawyki będą miały na ciebie największy wpływ – na twoją pozycję, na to, kim chcesz być i do czego chcesz w życiu dojść. Następnie, w ciągu 30 kolejnych dni wykształcisz w sobie te nawyki, które skierują twoje życie na całkiem nowe tory, poprawią zdrowie, uczynią cię bogatym, uzdrowią relacje z ludźmi albo odmienią inne aspekty twojego życia, które według ciebie będą wymagały naprawy. Nadając swojemu życiu inny kierunek, natychmiast zmieniasz jego jakość, a tym samym miejsce, do którego dojdziesz.

Pamiętaj o nagrodach

Gdy zaliczysz „Trzydziestodniowy kurs przemiany *Miracle Morning*", stworzysz solidne podstawy pod swoje przyszłe sukcesy w każdej sferze życia. Wstawanie co rano i praktykowanie *Miracle Morning* sprawi, że będziesz rozpoczynał każdy dzień zdyscyplinowany (kluczowa zdolność, która pozwoli ci zakończyć to, czego się podjąłeś), z jasnym umysłem (siła, jaką będziesz czerpał z koncentrowania się na tym, co najbardziej istotne) i lepszy niż wczoraj (rozwój osobisty to na pewno najważniejszy czynnik, który decyduje o twoim sukcesie). W ten sposób, w ciągu kolejnych 30 dni przekonasz się, że szybko stajesz się kimś, kim musisz być, jeśli masz osiągnąć wyżyny powodzenia w sferze osobistej, zawodowej i finansowej, o jakich naprawdę marzysz.

Początkowo *Miracle Morning* może być dla ciebie jedynie koncepcją, wywołującą zaciekawienie, ale i pewną nerwowość. Z czasem jednak przekształci się w trwałe przyzwyczajenie, dzięki któremu staniesz się lepszą wersją siebie i zawalczysz o życie, jakiego pragniesz. Zrealizujesz swój potencjał i ujrzysz zmiany, o jakich ci się nie śniło.

Oprócz ukształtowania właściwych nawyków, wyrobisz sobie odpowiednie nastawienie, jakiego będziesz potrzebował, aby naprawić swoje życie, zarówno zewnętrzne, jak i wewnętrzne. Dzięki codziennej praktyce S.A.V.E.R.S. doświadczysz fizycznych, intelektualnych, emocjonalnych i duchowych korzyści płynących ze stosowania ciszy, afirmacji, wizualizacji, ćwiczeń, czytania i pisania. Natychmiast poczujesz się bardziej zrelaksowany, skupiony, szczęśliwy i zadowolony z życia. Będziesz tryskał energią, nie zabraknie ci również jasności umysłu i motywacji, aby sięgnąć po to, co dla ciebie najcenniejsze, i zrealizować swoje najskrytsze marzenia (zwłaszcza gdy zbyt długo odsuwałeś je od siebie).

Zapamiętaj, twoja sytuacja życiowa poprawi się dopiero wówczas, gdy będziesz na to gotowy i staniesz się osobą, która będzie w stanie tego dokonać. Właśnie tym będą dla ciebie te dni – nowym początkiem twojego nowego ja.

Dasz radę to zrobić!

Jeśli się wahasz lub masz obawy, czy uda ci się wytrwać w praktyce przez 30 dni, nie martw się, to na tym etapie zupełnie naturalne. Widać to dobrze w przypadku porannego wstawania, zwłaszcza gdy nigdy nie zaliczałeś się do skowronków. Przypomnij sobie, że wszyscy cierpimy z powodu „syndromu lusterka wstecznego". Nic więc dziwnego, że możesz się wahać, czy nawet trochę się bać, ale to właśnie świadczy o twoje gotowości, w przeciwnym razie byłoby ci to dość obojętne.

Ważne też, abyś czerpał pewność siebie z faktu, że tysiące ludzi już przeszło tę drogę i dzięki *Miracle Morning* całkowicie odmienili swoje życie. Opuścili strefę rzeczywistości i wkroczyli w strefę możliwości. Właściwie to skorzystam z okazji, aby przytoczyć raz jeszcze kilka pozytywnych opowieści z życia, które otwierają tę książkę. Głęboko wierzę w inspirującą moc dobrego przykładu, który wskazuje drogę i pokazuje, jaki potencjał drzemie w każdym z nas.

Niesłychanie zdopingowała mnie przemiana Melanie Deppen, biznesmenki z Selinsgrowe w Pensylwanii, która napisała tak: „To mój siedemdziesiąty dziewiąty dzień praktykowania *Miracle Morning*. Od tamtej pory nie opuściłam ani jednego dnia. Szczerze mówiąc, to PIERWSZY raz, kiedy udało mi się wytrwać tak długo. Jak dotąd kończyło się na kilku dniach lub tygodniach. Teraz nie mogę się doczekać, kiedy wreszcie rozpocznę nowy dzień. To niesłychane. *Miracle Morning* kompletnie zmienił moje życie".

Po tym, gdy usłyszałem, jak ogromny wpływ wywarła praktyka *Miracle Morning* na Michaela Reevesa, studenta z Walnut Creek w Kalifornii, szczerze żałowałem, że sam jej nie znałem jako student college'u, a nawet licealista: „Gdy po raz pierwszy usłyszałem o *Miracle Morning*, pomyślałem sobie, że może w tym szaleństwie jest metoda. Na studiach wybrałem 19 różnych zajęć i fakultetów, więc non stop się uczę i nie mam ani chwili, żeby pracować nad realizacją dodatkowych celów. Przed *Miracle Morning* wstawałem codziennie między 7 a 8 rano, żeby zdążyć na uczelnię. Teraz wstaję zawsze o 5. Czuję, że dzięki codziennej praktyce coraz bardziej się rozwijam. KOCHAM *Miracle Morning*".

A skoro już mowa o studentach, to Natanya Green, obecnie instruktorka jogi w Sacramento w Kalifornii, zaczęła realizować swój potencjał z pomocą *Miracle Morning*, gdy uczęszczała jeszcze na Uniwersytet Kalifornijski: „W grudniu 2009 roku jako studentka zaczęłam praktykować *Miracle Morning*. Niemal natychmiast zauważyłam zmiany. Wcale nie oczekiwałam, że tak szybko osiągnę cele, do których długo i bezskutecznie zmierzałam. Schudłam, zakochałam się, dostawałam o wiele lepsze oceny, gotówka płynęła strumieniami – i to wszystko w ciągu zaledwie dwóch miesięcy! Dzisiaj, po latach, *Miracle Morning* wciąż stanowi integralną część mojego życia".

Czy może nie zrobić na tobie wrażenia ogrom zaangażowania Raya Ciafardiniego, menedżera z Baltimore w stanie Maryland: „To mój osiemdziesiąty trzeci dzień z *Miracle Morning* i żałuję, że nie wiedziałem o tym wcześniej. Wiem, że to zadziwiające, ale teraz przez cały dzień zachowuję przytomność umysłu. Mogę się skupić na pracy, jestem pełen energii i w ogóle do wszystkiego podchodzę z entuzjazmem. Dzięki *Miracle Morning* moje życie jest bogatsze i bardziej produktywne – zarówno w sferze osobistej, jak i zawodowej".

I wreszcie, niesłychanie zaimponował mi Rob Leroy, starszy księgowy z Sacramento w Kalifornii. Jego opowieść ma prawdziwą moc: „Kilka miesięcy temu postanowiłem spróbować *Miracle Morning*. Moje życie zmienia się w takim tempie, że ledwo nadążam! Stałem się lepszą osobą i to jest zaraźliwe. W pracy walczyłem o przeżycie, ale odkąd zacząłem praktykować *Miracle Morning*, jestem zdumiony, bo udało mi się wszystko odwrócić o 180 stopni. A przecież tylko codziennie pracuję nad sobą, nic więcej".

Te historie opowiadają o dokonaniach zwyczajnych ludzi, takich jak ty i ja. Wszyscy oni żyli znacznie poniżej swoich możliwości, ale dzięki *Miracle Morning* wreszcie zaczęli wykorzystywać swój potencjał i osiągnęli sukces, o jakim marzyli i na jaki zasługiwali. Aż się prosi, żeby w tym miejscu przypomnieć jeden z najważniejszych wyznaczników sukcesu i tego się trzymać: skoro oni dali radę, to ty też możesz.

Jak się przygotować do „Trzydziestodniowego kursu przemiany *Miracle Morning*"?

Krok 1: Przygotuj sobie wszystkie materiały do „Trzydziestodniowego kursu *Miracle Morning*" (zestaw *Szybki start*)

Wejdź na stronę www.TMMBook.com i ściągnij sobie darmowy „Trzydziestodniowy kurs przemiany *Miracle Morning* Szybki start", zawierający komplet ćwiczeń, afirmacji, listy codziennych zadań, listy kontrolne i wszystko to, czego potrzebujesz, aby gładko i bezproblemowo rozpocząć i ukończyć kurs. Zrób to od razu, zabierze ci to tylko minutę.

Krok 2: Zaplanuj na jutro swoją pierwszą praktykę *Miracle Morning*

Zdecyduj się na pierwszą praktykę *Miracle Morning* i jak najszybciej wyznacz sobie termin – najlepiej jutro (tak, zapisz to sobie w terminarzu), a także zaplanuj, gdzie się ona odbędzie. Pamiętaj, że najlepiej będzie, jeśli opuścisz sypialnię i oddalisz się od łóżka – pokusa może być zbyt silna. Ja co rano odbywam praktykę *Miracle Morning* na sofie w salonie, gdy wszyscy w domu jeszcze smacznie śpią. Słyszałem od innych, że praktykują poza domem, np. na ganku lub tarasie albo w pobliskim parku. Praktykuj tam, gdzie będziesz się dobrze czuł, ale jednocześnie nikt nie będzie ci przeszkadzał.

Krok 3: Przeczytaj pierwszą stronę *Szybkiego startu* i wykonaj wszystkie ćwiczenia

Przeczytaj wprowadzenie do „Trzydziestodniowego kursu przemiany *Miracle Morning* Szybki start", potem postępuj zgodnie ze wskazówkami i wykonuj po kolei opisane ćwiczenia. Jak wszystko, co w życiu warte jest zachodu, również ukończenie całego kursu wymaga pewnych przygotowań. Ważne, abyś wykonał wstępne zadania z *Szybkiego startu* (co nie powinno ci zająć więcej niż 30–60 minut), ale pamiętaj, że *Miracle Morning* rozpoczyna się poprzedniego dnia lub wieczoru, gdy przygotowujesz się do swojej porannej praktyki – mentalnie, emocjonalnie i logistycznie. Przez przygotowanie rozumiem przejście kolejnych etapów z rozdziału 5.

Krok 3.1: Znajdź sobie współodpowiedzialnego partnera (bardzo polecane)

W rozdziale 3 mówiłem o tym, że istnieje ewidentny związek pomiędzy sukcesem a odpowiedzialnością. Wszyscy odnosimy korzyści ze wsparcia związanego ze zwiększoną odpowiedzialnością, warto więc (choć nie jest to absolutnie konieczne) postarać się o współodpowiedzialnego partnera, osobę podobnie myślącą, która razem z tobą przeszłaby „Trzydziestodniowy kurs przemiany *Miracle Morning*".

Mając u boku kogoś, przed kim będziesz czuł się odpowiedzialny, zwiększysz prawdopodobieństwo, że wspólnie dacie radę skończyć to, co zaczęliście. Poza tym działanie w towarzystwie jest po prostu fajniejsze! Weź pod uwagę, że kiedy z czegoś się cieszysz i robisz to sam, w twojej radości i zaangażowaniu jest pewna moc. Gdy jednak towarzyszy ci inna osoba – przyjaciel, członek rodziny czy koleżanka z pracy – wówczas wasza radość i zaangażowanie są o wiele silniejsze.

Jeszcze dziś zadzwoń lub wyślij wiadomość do jednej lub kilku osób i zaproś je, aby przyłączyły się do ciebie i razem z tobą rozpoczęły „Trzydziestodniowy kurs przemiany *Miracle Morning*". Jeśli chcesz je trochę pogonić, wyślij im link do strony www.TMMBook.com, skąd mogą pobrać darmowy „Intensywny kurs *Miracle Morning*":

- Dwa rozdziały z książki *Fenomen poranka*
- Filmiki *Miracle Morning*
- Materiały dźwiękowe *Miracle Morning*

Wszystko gratis!

Twojego partnera nic to nie będzie kosztowało, a ty będziesz praktykował z kimś, kto też się zadeklarował, że chce wywindować swoje życie na wyższy poziom. Możecie się razem wspierać, motywować i być wobec siebie odpowiedzialni.

WAŻNE: Nie czekaj z pierwszym *Miracle Morning* i rozpoczęciem kursu przemiany, aż trafi ci się jakiś współodpowiedzialny partner. Bez względu na to, czy znalazłeś kogoś, kto wyruszy z tobą w tę podróż, namawiam cię, żebyś zaplanował swoją pierwszą praktykę na jutro rano. Nie zwlekaj, nie odkładaj tego na później. Gdy już będziesz miał za sobą kilka dni owocnej praktyki, łatwiej ci będzie kogoś zainspirować, aby się do ciebie przyłączył. Po prostu zacznij, a dopiero później poproś przyjaciela, kogoś z rodziny lub kolegę z pracy, aby wszedł na stronę www.TMMBook.com i ściągnął sobie darmowy „Intensywny kurs *Miracle Morning*".

Taka osoba zaledwie w ciągu godziny będzie w pełni przygotowana, aby zostać twoim współodpowiedzialnym partnerem i być może będzie się również czuła odrobinę zmotywowana.

Czy jesteś gotów wznieść się na wyższy poziom?

Czym jest ten mityczny wyższy poziom w twoim życiu osobistym i zawodowym? Jakie obszary powinieneś w nim zmienić, aby się tam dostać? Zrób sobie prezent i poświęć 30 dni swojego życia na wprowadzenie znaczących zmian. Twoja przeszłość nie ma tu nic do rzeczy, możesz zmienić swoją przyszłość, zmieniając teraźniejszość.

Podsumowanie

Codziennie po przebudzeniu pomyśl sobie:
„Dziś jestem szczęśliwy, że się obudziłem, żyję.
Mam drogocenne ludzkie życie i nie chcę
go zmarnować. Z całych sił będę się starał rozwijać,
otwierać serce dla innych. Chcę działać dla ich dobra".

DALAJLAMA

Rzeczy się nie zmieniają. To my się zmieniamy.

HENRY DAVID THOREAU

Twoja pozycja życiowa jest konsekwencją tego, kim jesteś, ale to, gdzie się znajdziesz w przyszłości, zależy całkowicie od tego, kim zechcesz być od tej chwili.

Czas, który masz, należy do ciebie. Nie odsuwaj od siebie życia, jakiego naprawdę pragniesz i na jakie w pełni zasługujesz, o kolejny dzień. Bądź kowalem swojego losu, panem swojego szczęścia, zdrowia, bogactwa, sukcesu i miłości. Jak mawia mój nauczyciel Kevin Bracy: „Nie zwlekaj, aby ujawnić swoją wielkość". Jeśli chcesz polepszyć swoje życie, najpierw weź się za siebie. Już dziś pobierz ze strony www.TMMBook.com „Trzydziestodniowy kurs przemiany *Miracle Morning* Szybki start". Następnie, ze współodpowiedzialnym partnerem lub bez niego, przyrzeknij sobie, że jutro odbędziesz swoją pierwszą praktykę *Miracle Morning*, rozpoczynając tym samym kurs. Jutro – pamiętaj! – wyruszasz w podróż ku najbardziej niezwykłemu, wymarzonemu życiu.

Jeżeli jest jeszcze coś, co mógłbym dla ciebie zrobić, jakoś cię zmotywować lub w jakikolwiek sposób ci pomóc, napisz mi o tym.

Bądź ze mną w kontakcie

Zawsze bardzo się cieszę, gdy spotykam ludzi podobnie myślących, uwielbiam też gdy odzywają się ci, którzy czytali moje książki, oglądali filmy lub słuchali moich wykładów. Jeżeli masz do mnie jakieś pytania albo po prostu chciałbyś powiedzieć „Cześć" i nawiązać ze mną kontakt, wejdź na stronę www.YoPalHal.com, kliknij zakładkę „Kontakt" i wyślij do mnie wiadomość. Czekam na wiadomość od ciebie i na pewno postaram ci się pomóc.

Pomagajmy innym

Czy mogę cię prosić o drobną przysługę?

Jeżeli odniosłeś dzięki tej książce jakąś korzyść, czujesz, że stałeś się lepszy, a *Miracle Morning* daje ci impuls, by przenieść jakąś sferę życia – a może wszystkie – na wyższy poziom, proszę cię – zrób coś dla tych, których kochasz.

Daj im tę książkę. Pożycz swój egzemplarz i poproś, aby ją przeczytali. Albo jeszcze lepiej, podaruj im na urodziny lub jako prezent pod choinkę. Tylko pomyśl – czy może być lepszy upominek na święta niż jedyna książka, która sprawi, że każdy poranek będzie wyglądał jak Boże Narodzenie?!

A zresztą, czy potrzebna jest jakaś specjalna okazja? Przecież wystarczy powiedzieć: „Słuchaj, jesteś dla nie ważny, jestem ci wdzięczny i chciałbym ci pomóc, byś miał wspaniałe życie. Przeczytaj tę książkę".

Jeżeli dzielisz ze mną przekonanie, że rola prawdziwego przyjaciela lub członka rodziny polega na tym, aby pomóc swoim najbliższym stać się lepszą wersją samych siebie, podaruj im tę książkę.

Przekaż dalej dobre słowo.

Dziękuję ci z całego serca.

Specjalne zaproszenie
Społeczność *Miracle Morning*

Fani i czytelnicy *Fenomenu poranka* tworzą niezwykłą wspólnotę podobnie myślących osób, które budzą się co rano w określonym celu – aby z oddaniem realizować ogromny potencjał, jaki tkwi w ich wnętrzu. Jako autor tej książki poczułem się odpowiedzialny za stworzenie takiego miejsca w sieci, gdzie ludzie mogliby się spotkać, podzielić własnymi doświadczeniami, wspierać i zachęcać wzajemnie, dyskutować o książce, zamieścić filmik, znaleźć partnera, który będzie współodpowiedzialny za ich postępy, a nawet wymienić się przepisami na smoothie czy fajnymi ćwiczeniami.

Szczerze mówiąc, nie spodziewałem się, że społeczność *Miracle Morning* stanie się jedną z najbardziej pomocnych, wspierających, inspirujących i odpowiedzialnych społeczności internetowych, jakie znam, ale tak właśnie jest. Naprawdę jestem pod wrażeniem poziomu, jaki reprezentują członkowie naszego ruchu.

Wejdź na stronę www.MyTMMcommunity.com i dołącz do społeczności *Miracle Morning* na Facebooku. Tutaj będziesz mógł nawiązać kontakt z ludźmi o podobnych upodobaniach, którzy już praktykują *Miracle Morning*. Niektórzy robią to od lat, a więc możesz liczyć na dodatkowe wsparcie i przyśpieszyć swój sukces.

Sam regularnie zaglądam na tę stronę i pełnię rolę moderatora. Tam się spotkamy!

Jeśli chcesz nawiązać ze mną bezpośredni kontakt poprzez media społecznościowe, śledź mnie na Twitterze – @HalElrod; lub na Facebooku – www.Facebook.co/YoPalHal. Piszcie do mnie, komentujcie, zadawajcie pytania. Postaram się na każde odpowiedzieć, więc do zobaczenia!

Konieczny bonus
E-mail, który zmieni twoje życie

Każdy potrzebuje jakiejś informacji zwrotnej,
a to o niebo tańsze niż płacenie instruktorowi.

DOUG LOWENSTEIN

Poproś o opinię ludzi z odmiennych środowisk.
Każdy z nich powie ci coś, co na pewno ci się przyda.

STEVE JOBS

Była druga w nocy. Nie mogłem spać. Nadal mieszkałem w pokoju, który wynajmowałem od Matta. Zamknięty w ciasnej przestrzeni, siedziałem przy tanim biurku z płyty i okleiny sosnowej. Kompletna beznadzieja. Coś musiało się zmienić. A może to ja powinienem się zmienić.

Sfrustrowany gapiłem się w monitor swojego laptopa, gdy nagle coś mi przyszło do głowy. Już nie pamiętam, co podsunęło mi ten pomysł, jednak otworzyłem nową wiadomość i zacząłem dodawać do grona odbiorców kolejne osoby. Powstała bardzo zróżnicowana grupa złożona z najbliższych przyjaciół, członków rodziny, współpracowników, byłych szefów, znajomych, dziewczyny, z którą akurat chodziłem, a nawet – wierzcie lub nie – moich byłych dziewczyn. Nagle zapragnąłem wprowadzić w swoim życiu radykalne zmiany. Byłem gotowy na wielki skok, ale czegoś mi brakowało. Chciałem przejrzeć się w innych, musiałem uzyskać odpowiedź na pytanie, kim jestem, jak mnie postrzegają inni ludzie i co powinienem w swoim życiu poprawić. Czułem, że potrzebuję takich informacji od osób, które znają mnie najlepiej.

Wprowadziłem 23 adresy. Dlaczego akurat 23? Hm, po prostu jestem zagorzałym fanem Michaela Jordana i mam lekką obsesję na punkcie liczby 23. Zacząłem pisać e-mail do tych wszystkich osób, z których każda znała mnie od nieco innej strony. Wyjaśniłem, że zależy mi na moim rozwoju osobistym, chciałbym być lepszym przyjacielem, synem, bratem i kolegą i dlatego potrzebuję do tego informacji zwrotnej od ludzi, którzy wiedzą o mnie coś, czego ja sam nie jestem w stanie dostrzec. Poprosiłem wszystkich, aby w odpowiedzi wskazali mi trzy najistotniejsze obszary w moim życiu, które według nich wymagają poprawy. Oczekiwałem od nich szczerości (nawet brutalnej) i zapewniłem, że nie będę czuł do nich urazy. W zasadzie tylko jedno by mnie zabolało – gdyby nie powiedzieli mi prawdy, ponieważ w ten sposób ograniczyliby mój rozwój osobisty.

To był najtrudniejszy e-mail, jaki w życiu napisałem, i wcale się z tym nie kryję. Prawie stchórzyłem. Rozważałem, czy go nie usunąć i po prostu nie położyć się spać. Szczęśliwie, nie zrobiłem tego . Wziąłem głęboki oddech i kliknąłem „wyślij". Potem położyłem się do łóżka, zasnąłem i czekałem na odpowiedzi.

Obudziłem się po sześciu godzinach z myślą: „Czy naprawdę wysłałem tę wiadomość o drugiej nad ranem, czy tylko mi się śniło?". Zalogowałem się do skrzynki. No nie, to nie był sen. Naprawdę go wysłałem. Już miałem dwie odpowiedzi, jedną od mamy, a drugą od J. Brada Brittona, powszechnie szanowanego menedżera z wartej miliony dolarów firmy, dla której pracowałem. O rany, ładne rzeczy... Tu przywołałem się do porządku i przypomniałem sobie, że przecież w ten sposób chciałem zdobyć motywację do rozwoju i samodoskonalenia, więc bez względu na to, co mi odpiszą w swoich e-mailach, muszę podchodzić do wszystkiego z otwartym umysłem i nie wolno mi się obrażać. Łatwiej powiedzieć niż zrobić.

Najpierw otworzyłem e-mail od mamy. *Cześć, synku, dostałam od Ciebie wiadomość.* (Naprawdę, mamo? Nigdy bym nie pomyślał.) *No cóż, wiesz, że dla mnie jesteś doskonały! Ale skoro oczekujesz konstruktywnej odpowiedzi, to wydaje mi się, że powinieneś częściej dzwonić do swojej matki! Wiem, jaki jesteś zapracowany, ale byłoby miło usłyszeć cię od czasu do czasu. Tak czy inaczej, kocham cię. Odwiedź mnie niedługo... Całuję, mama.* Otworzyłem nowy dokument w komputerze i zatytułowałem go „Konstruktywna informacja zwrotna i moje nowe postanowienia". #1 Dzwonić do mamy przynajmniej raz w tygodniu.

Później otworzyłem e-mail od mojego menedżera regionalnego, J. Brada Brittona. Zawsze go podziwiałem i wiele się od niego nauczyłem. A oprócz tego to jedna z najbardziej pozytywnych osób, jakie znam. Choć widywaliśmy się tylko kilka razy do roku na konferencjach i podczas podróży służbowych, Brad dobrze mnie znał, przynajmniej od strony zawodowej. *Hal, miło cię słyszeć. Podoba mi się twój e-mail. OK, dam ci te trzy „konstruktywne" informacje zwrotne, o które prosisz, ale pod jednym warunkiem. Potem wymienię trzy rzeczy, które mi się u Ciebie podobają. Zgoda? No to ruszamy...*

Tu J. Brad wypunktował kilka moich słabości, których dopatrzył się w sferze zawodowej i osobistej. Wszystkimi bardzo mnie zaskoczył. Szczerze mówiąc, poczułem się trochę urażony i przyjąłem pozycję obronną. „To nieprawda. Wcale taki nie jestem. Przecież on wcale mnie tak dobrze nie zna". Wtedy do mnie dotarło, że właściwie to, na ile trafne są jego krytyczne spostrzeżenia na mój temat, jest bez znaczenia. Ważniejszy był fakt, że on (i prawdopodobnie także inni) właśnie w taki sposób mnie postrzegał. Dla mnie ważne było nie to, że wiedziałem, kim naprawdę jestem, ale czy żyłem w zgodzie ze swoimi wartościami, a w moich związkach z ludźmi panowała harmonia.

Dostawałem odpowiedzi przez kolejnych kilka dni. Pod koniec tygodnia miałem odzew od 17 osób, z których każda poważnie potraktowała moją prośbę i wystawiła mi mniej lub bardziej konstruktywne oceny. Do pierwszego punktu swojego pliku pod nazwą „Konstruktywna informacja zwrotna i moje nowe postanowienia" dopisywałem kolejne. No dobrze, ale co z tego miałem?

Powiedzmy, że zyskałem większą samoświadomość i w ciągu tygodnia od otrzymania tych odpowiedzi rozwinąłem się bardziej niż przez ostatnich pięć lat, a może i całe dotychczasowe życie. Niewiarygodne.

Nie było to wcale łatwe – wystawić się na ciosy i zobaczyć wszystkie swoje wady – ale podziałało bardzo orzeźwiająco. Pomogło mi w karierze zawodowej i poprawiło relacje z ludźmi. I to wszystko dlatego, że zebrałem się na odwagę i wysłałem w świat najważniejszy e-mail w moim życiu – e-mail, który zmieni także twoje życie.

Zanim pokażę ci, jak ma wyglądać taka wiadomość, słowo w słowo – abyś mógł ją skopiować i zredagować po swojemu, a potem wysłać do kręgu swoich najbliższych – chciałbym podzielić się z tobą pewnym pozytywnym e-mailem, który otrzymałem od swojej klientki. Po tym, jak rozesłała do znajomych e-mail, który zmienił jej życie, dostałem od niej taką wiadomość.

> Hal, trudno mi uwierzyć, jak niezwykle skuteczny okazał się w moim przypadku ten e-mail, który nam dałeś. Każda odpowiedź wylicza moje słabe i mocne strony, ale z tylu różnych punktów widzenia. Teraz widzę, jak postrzegają mnie inni: przyjaciele, koleżanki i koledzy z pracy, członkowie mojej rodziny, wszyscy, którzy mnie znają. Dopiero teraz mam bardziej kompletny (i złożony) obraz samej siebie. Czuję się naprawdę wspaniale, że tyle osób mi pomogło. A żebyś wiedział, jak wszystkim podobał się ten e-mail, po prostu byli zachwyceni!
>
> Hal, strasznie ci dziękuję, że tak mi pomogłeś podczas treningu sukcesu.
>
> Wdzięczna za wszystko,
> Trudy

E-mail, który zmieni twoje życie

Problem: Unikanie informacji zwrotnej. Większość ludzi nie lubi, gdy ktoś wyraża się o nich negatywnie, dlatego w ogóle nie prosi innych o wyrażenie własnego zdania na ich temat. Przez to nie otrzymują bezcennych informacji na temat swoich mocnych i słabych stron, dzięki którym mogliby czerpać pełną garścią z tych pierwszych i znacząco poprawić te drugie.

Rozwiązanie: Aktywne poszukiwanie szczerych opinii o sobie u ludzi, którzy cię znają (z różnych ról społecznych) i wykorzystywanie ich dla własnego rozwoju. To jeden z najbardziej skutecznych i najszybszych sposobów na zyskanie nowej perspektywy i przyspieszenie swojego rozwoju osobistego i sukcesu.

Instrukcje: Przepisz następujący tekst do wiadomości e-mail (możesz go sobie zredagować od nowa, żeby był bardziej w twoim stylu). Wyślij go do 5–30 osób (im więcej, tym lepiej), które na tyle dobrze cię znają, że mogą uczciwie ocenić, jakie są twoje mocne i słabe punkty. Możesz wysłać wiadomość do swoich przyjaciół, członków rodziny, kolegów, guru, nauczycieli, byłych pracodawców i szefów, partnerów i jeśli masz odwagę – hi, hi – swoich byłych partnerów. (Serio).

Ważne: Upewnij się, że wszystkie adresy w twojej wiadomości e-mail wpisałeś w pole UDW, aby żaden z odbiorców nie zobaczył, do kogo ją jeszcze wysyłasz. Oczywiście możesz wiadomość skopiować i wysłać ją do każdego z osobna.

Temat: *To bardzo ważne...* lub *Chciałbym poznać twoje zdanie...*

Tekst e-maila:

Drogi przyjacielu, tato, kolego...
Dziękuję Ci za to, że czytasz tego e-maila. Wysyłając go, biłem się z myślami, czy w ogóle powinienem to robić, ale to dla mnie naprawdę bardzo ważne. Dlatego szczerze doceniam, że poświęcasz swój cenny czas, żeby go przeczytać (i, mam nadzieję, również na niego odpowiedzieć).

Wysyłam ten e-mail do wybranej grupy osób. Każda z nich dobrze mnie zna, więc liczę na to, że przekaże mi uczciwą informację na mój temat, jakie są moje mocne strony, a jakie słabe (na tych drugich bardziej mi zależy, to będą „obszary do poprawy").

Wcześniej nigdy czegoś takiego nie robiłem, ale chciałbym się rozwijać, żeby być lepszym człowiekiem, i potrzebuję do tego dokładniejszego obrazu swojej osoby – chciałbym wiedzieć, jak widzą mnie inni, ci, którzy najwięcej dla mnie znaczą. Skoro pragnę żyć pełnią życia i pomagać innym, muszę w tym celu stać się kimś, kto będzie mógł udźwignąć swoje marzenia. Aby to zrealizować, potrzebuję informacji zwrotnej od Ciebie.

Wszystko, o co Cię proszę, to żebyś poświęcił kilka minut i odpowiedział mi zupełnie szczerze, wskazując 2–3 obszary w moim życiu, które powinienem poprawić. Jeżeli miałoby Ci to w czymś pomóc (bo mnie pomoże na pewno), możesz również wymienić moje mocne strony, serdecznie Cię do tego namawiam. To wszystko. Tylko proszę Cię, żebyś mi nie kadził i niczego przede mną nie ukrywał. Obiecuję, że nie będę się czuł urażony Twoimi uwagami. Właściwie im bardziej będziesz wobec mnie „brutalnie" szczery, tym większą będę miał motywację, aby wprowadzić w swoim życiu pozytywne zmiany.

Jeszcze raz Ci dziękuję. Gdybym mógł Ci w czymkolwiek pomóc, nie wahaj się mi o tym powiedzieć.

Szczerze wdzięczny,
Twoje imię

Uwagi końcowe na temat e-maila, który zmieni twoje życie

To wszystko! Mam nadzieję, że dołączysz do mnie, Trudy i wielu setek moich klientów, biorących udział w treningu sukcesu dla VIP-ów (VIPSuccesCoaching.com), którzy mieli dość odwagi, aby odkryć swój czuły punkt i wysłać ten e-mail. Nagrodą będzie zwiększona samoświadomość, głębsze rozumienie siebie i jasność w kwestii, co powinieneś szybko zmienić, aby wznieść siebie i swoje życie na wyższy poziom.

Szczerze wdzięczny,
„Yo Pal" Hal

Złote myśli

Jestem przekonany, że jedna idea jest w stanie zmienić nasz sposób myślenia, odczuwania, nawet całe życie. Cytaty skłaniające do myślenia należą do moich ulubionych środków, ponieważ zwięźle ujmują wielkie idee, które mają potężną moc kształtowania rzeczywistości. Formułowanie i zbieranie idei, które mogą cię zainspirować, podbudować i zmobilizować, abyś się rozwijał i stawał lepszym człowiekiem, to moja prawdziwa pasja.

Poniżej przytaczam swoje ulubione i najbardziej popularne cytaty. Jeżeli któreś z nich szczególnie do ciebie trafiają, możesz je włączyć do swoich afirmacji, podzielić się nimi na Facebooku czy Twitterze, ustawić sobie na pulpicie komputera, nadrukować na T-shircie, wytatuować na plecach, czy co tam sobie chcesz... ☺

Z miłością i wdzięcznością,
Hal

Budując życie swych marzeń, kochaj to życie, które masz.
Niech ci się nie wydaje, że jedno wyklucza drugie.

Twoja pozycja w życiu jest rezultatem tego, kim byłeś,
lecz to, gdzie się znajdziesz w przyszłości,
zależy całkowicie od tego, kim zechcesz być.

Nie staraj się być perfekcjonistą, lepiej bądź autentyczny.
Bądź taki, jaki jesteś. Kochaj siebie takiego, jakim jesteś.
Inni też cię pokochają takiego.

Zamień oceny na empatię, narzekanie na wdzięczność,
a lęk zastąp miłością.

Bądź wdzięczny za wszystko, co masz, akceptuj wszystko,
czego nie masz, i z ochotą stwarzaj to, czego pragniesz.

Życie nie polega na bezpłodnych marzeniach o tym,
aby być kimś innym gdzieś indziej. W życiu trzeba się cieszyć tym,
co się ma, i kochać siebie samego, nie zapominając
o ciągłej pracy nad sobą i własnym życiem.

Mówi się, że bieda lubi towarzystwo, ale to samo da się powiedzieć o przeciętności. Nie pozwól, aby ograniczone poglądy INNYCH blokowały TWOJE możliwości.

Nie wysilaj się, aby zrobić wrażenie na innych. Postaraj się tylko wnieść w ich życie jakąś wartość.

W chwili, w której przyjmiesz odpowiedzialność za WSZYSTKO w swoim życiu, zyskasz siłę, aby zmienić w nim WSZYSTKO, co tylko chcesz.

Każdy z nas od początku ma wszystko, czego potrzeba, by czuć się szczęśliwym. Tylko od nas zależy, abyśmy o tym przez cały czas pamiętali.

Nie ma się czego bać, ponieważ nie może ci się nie udać. Możesz się tylko czegoś NAUCZYĆ, DOJRZEĆ i stać się LEPSZYM, niż jesteś.

Pamiętaj, że twoja obecna pozycja życiowa to sytuacja przejściowa, ale też konieczność, punkt, w jakim musiałeś się znaleźć. Dotarłeś do tej chwili, aby dowiedzieć się tego, co musisz wiedzieć, jeśli masz się stać człowiekiem, który będzie w stanie stworzyć dla siebie takie życie, jakiego pragnie.

Nawet wówczas, gdy życie jest trudne lub stawia przed nami wyzwania – a zwłaszcza wtedy – teraźniejszość jest dla nas zawsze okazją, żeby się czegoś nauczyć, dojrzeć i stać się lepszymi, niż jesteśmy.

To, kim się stajesz, jest o wiele ważniejsze od tego, co robisz. A jednak to, co robisz, determinuje, kim się stajesz.

Całe twoje życie ulega zmianie w tym momencie, gdy zdecydujesz, że nie godzisz się na przeciętność. Ta decyzja – że dziś to najważniejszy dzień w twoim życiu, że chwila obecna liczy się bardziej niż jakakolwiek inna, ponieważ od twoich wyborów i podejmowanych działań zależy to, kim się stajesz każdego dnia – przesądzi o tym, kim będziesz przez resztę życia.

Przeciętny człowiek pozwala, aby emocje kierowały tym, co robi.
Ludzie sukcesu decydują, aby to ich zobowiązania
kierowały działaniami, jakie podejmują.

Codziennie śmiało podążaj za swymi marzeniami,
nie ustawaj w tym ani na chwilę, a przekonasz się,
że nie ma nic, co by cię mogło powstrzymać.

Podziękowania

Przeczytaj przynajmniej ostatni akapit (jest skierowany do ciebie)

To dla mnie najtrudniejsza rzecz podczas pisania książki. Wcale nie dlatego, że mam problem z dziękowaniem ludziom – wręcz przeciwnie. Z tyloma ludźmi się w życiu zetknąłem i tylu z nich miało na mnie ogromny wpływ, że po prostu jest niemożliwością, abym na kilku stronach zdołał wszystkim podziękować. Kontynuacja tej książki powinna nosić tytuł: *Fenomen poranka – Podziękowania.* Nie sądzę, żeby kupiło ją zbyt wiele osób, ale pisanie jej na pewno sprawiłoby mi wielką frajdę.

Po pierwsze, chciałbym podziękować kobiecie, która przez dziewięć i pół miesiąca nosiła mnie w swoim łonie i podarowała mi cud życia – mojej mamie. Bardzo cię kocham. Dziękuję ci za to, że zawsze we mnie wierzyłaś i przywoływałaś do porządku, gdy tego potrzebowałem. Wciąż tego potrzebuję. Ach, i to ty powinnaś mnie częściej odwiedzać! ☺

Tato, ze wszystkich moich przyjaciół, ty jesteś tym najlepszym. Tobie zawdzięczam to, że jestem tym, kim jestem, bo przez całe moje życie byłeś dla mnie dobrym ojcem. Zaszczepiłeś mi tyle wspaniałych cech i wartości. Teraz doceniam je w pełni, gdy sam zostałem ojcem i będę je mógł przekazać swoim dzieciom. Kocham cię, tato.

Hayley, jesteś najlepszą siostrą na świecie. Bez dwóch zdań. Któż by się mógł z tobą równać! Uważam cię też za najlepszą przyjaciółkę. Jesteś autentyczna, uczynna, dobra i niemal tak zabawna jak ja sam! Serio, jestem ci szczerze wdzięczny, że jesteś moją siostrą. Nie mógłbym mieć lepszej.

A teraz Ursula – prawdziwa kobieta moich marzeń. Jesteś uosobieniem tego, czego zawsze oczekiwałem od żony, a także wielu innych rzeczy, z których potrzeby nie zdawałem sobie nawet sprawy, a dziś nie potrafiłbym się bez nich obyć. Wciąż nie mogę się nadziwić, jaka jesteś doskonała, i jestem ci bezgranicznie wdzięczny, że dzielisz ze mną życie. A nasze cudowne dzieciaki? Dziękuję ci za Sophie i Halstena. Z tobą u steru wiem, że naszą rodzinę czeka szczęśliwe i pełne miłości życie.

Sophie i Halstenie, choć wiem, że jeszcze tego nie przeczytacie, chcę wam powiedzieć, jak bardzo was kocham. Oboje jesteście dla mnie tym, co spodziewałem się znaleźć u dziecka. Wnosicie w moje codzienne życie radość i szczęście.

Dziękuję moim ciotkom, wujkom i dziadkom. Jestem wam wdzięczny za bezmiar miłości, jaką mi okazaliście. Wszystkich was kocham i zawsze cieszę się z naszych spotkań. Czekam na kolejne!

Dziękuję swoim teściom i krewnym żony – Markowi, Maryli, Steve'owi, Lindzie, Adamowi i Ani. Cieszę się, że jesteście częścią mojej rodziny.

Jestem wdzięczny moim najlepszym przyjaciołom – tym, którzy mają na mnie największy wpływ. Każdy mógłby się uważać za szczęściarza, mając w swoim gronie choćby jedną taką osobę, a ja mam was wszystkich! Spędziliśmy ze sobą wiele wspaniałych chwil, ale przede wszystkim to właśnie dzięki wam, dzięki temu, kim jesteście, staram się być coraz lepszym człowiekiem. Jeśli to prawda, że stanowimy wypadkową pięciu osób, z którymi spędzamy najwięcej czasu, to nie mam się czym martwić! Kocham was za waszą wieloletnią przyjaźń: Jeremy Katen, Jon Berghoff, Matt Recore, Jon Vroman, Jesse Levine, Brad Weimert, Ruth Fields, John Ruhlin, Peter Voogd, Tony Carlston, Teddy Watson, Larry Rodriguez, Alex Hayden i Brian Bedel. Dziękuję też wielu przyjaciołom, których tutaj nie wymieniłem – nie dlatego, że was nie kocham równie mocno.

Moim rozszerzonym rodzinom w firmach Cutco i Vector dziękuję z całego serca za okazaną troskę. Prezesom Bruce'owi Goodmanowi, Alowi diLeonardo i Johnowi Whepleyowi oraz zastępcy dyrektora Amarowi Davé'owi mogę ze spokojnym sumieniem powiedzieć, że są ludźmi wielkiego formatu. Spotkanie z wami miało ogromny wpływ na moje życie. Szefom regionów – Jeffowi Bryowi, Earlowi Kelly'emu, Scottowi Dennisowi, P. J. Potterowi, Lloydowi Reaganowi i Mike'owi Murielowi – chcę podziękować za to, że pomagali mi ukształtować charakter i wciąż dawali sposobność, abym pozytywnie wpływał na innych.

Moi przyjaciele z Cutco i zarządu Vectora – Jeff Kunkel, Fred Glaeser, John Kane, Steve Pokrzyk, Trent Booth, Adam Jester i Scott Gorrell – wasze bezinteresowne starania wpływają pozytywnie na życie tysięcy ludzi, nie wyłączając mojego. Każdemu z was jestem szczerze wdzięczny. Chciałbym również podziękować rodzinie państwa Stitt – to dzięki ich staraniom firma Cutco jest tym, czym jest.

Dziękuję wam moi szefowie i przyjaciele z Vector Canada – Joe Cardillo, Angie MacDougall, Rhancha Connell, Sherrie Dickie, Micheal Smith i Mike McDonald. Joe i Angie, minęło tyle lat, odkąd po raz pierwszy zaprosiliście mnie, abym przemawiał na jednej z waszych konferencji. Pamiętam, jaki byłem podekscytowany; w końcu mogłem oficjalnie nazwać się „międzynarodowym" mówcą! Zawsze jesteście dla mnie tak hojni. Mam nadzieję, że nasza współpraca będzie się rozwijać przez następne lata.

Dziękuję swoim redaktorskim i wydawniczym guru – Joelowi D. i Sue Canfield. To wy zdopingowaliście mnie do pisania. Gdyby nie wasze umiejętności i poczucie odpowiedzialności, ta książka nie ujrzałaby światła dziennego.

Moja cudowna przyjaciółko i twórczyni BookMama.com, Lindo Sivertsen – jesteś niezwykle utalentowana i masz specjalny dar, dzięki któremu każdy pomysł na książkę, istniejącą jeszcze w głowie autora, przekuwasz w bestseller. Dziękuję ci, że i ja mogłem z tego skorzystać.

Gail Lynne Goodwin, ambasadorka motywacji i twórczyni Inspire-MeToday.com, jest jedną z najmilszych, najbardziej wspaniałomyślnych i inspirujących osób, jakie spotkałem. Jestem ci niezmiernie wdzięczny za to, że mam cię w swoim życiu i nie mogę się doczekać, kiedy pojedziemy razem na żagle.

Wszyscy moi mentorzy, nauczyciele i pisarze, od których tyle się nauczyłem, a wasze życie stanowi przykład odwagi i bezinteresowności: Robin Sharma, Brendon Burchard, Tony Robbins, Dave Durand, Tim Ferris, Matthew Kelly, Rudy Ruettiger, Anthony „AB" Burke, Jeff Sooey, Wayne Dyer, Bill i Steve Harris, James Malinchak, Stephanie Chandler, Roger Crawford, Kevin Bracy, Will Bowen, John Maxwell, T. Harv Eker, Eckart Tolle, Dave Ramsey, Andrew Cohen, Ken Wilber, Seth Godin, Derek Sivers, Chris Brogan, Jonathan Sprinkles, Jonathan Budd i Michael Ellsberg. Dziękuję wam.

Kevinie Bracy, należy ci się specjalne uznanie. Na kilka dni przed moim pierwszym *Miracle Morning* brałem udział w twoim kursie i usłyszałem coś, co pozwoliło mi pokonać ograniczające mnie przekonanie, że nie jestem „skowronkiem". Powiedziałeś mi: „Jeśli chcesz, aby twoje życie było inne, najpierw musisz być gotów zrobić w nim coś zupełnie innego". Gdyby nie ty, być może nigdy nie spróbowałbym wstać o piątej rano, nie mówiąc już o napisaniu książki. Wielkie dzięki.

James Malinchak również zasługuje na osobne podziękowanie. Gdy pierwszy raz opowiedziałem ci o *Miracle Morning*, wpadłeś w entuzjazm i uświadomiłeś mi, że w moim pomyśle tkwi wielki potencjał. Powiedziałeś: „Hal, myślę, że nie zdajesz sobie sprawy, co z tego może wyniknąć, na ilu ludzi może mieć wpływ!". Przekonując do tej misji pisarzy, mówców i trenerów, osobiście zainspirowałeś i wpłynąłeś na dziesiątki tysięcy ludzi. Zrobiłeś to dla mnie, za co jestem ci dozgonnie wdzięczny.

J. Brad Britton udzielił mi najcenniejszej lekcji. Odtąd żyję z nią w zgodzie i będę się nią dzielił ze wszystkimi, którzy chcą słuchać – zrób rzecz słuszną, a nie łatwą. To nie jest tylko coś, czego nauczasz, Ty tym żyjesz.

Dziękuję Adamowi Stockowi za to, że zawsze wzbogacał moje życie i wnosił w nie mądrość. Twój trening zysków okazał się dla mnie bezcenny!

Nie mógłbym nie wspomnieć o Lindzie, mojej asystentce. To dzięki jej pracy nasi klienci są świetnie obsłużeni. Bardzo ci dziękuję za wszystko, co dla mnie robisz, i za dobro, jakie wniosłaś w moje życie i życie całej naszej rodziny.

Dziękuję studentom, nauczycielom, psychologom i doradcom z liceów i college'ów, w których przemawiałem. Wszyscy daliście mi sposobność, abym pomagając wam, żył zgodnie ze swoimi zasadami.

Wyrażam wdzięczność swoim prywatnym klientom i uczestnikom treningu sukcesu dla VIP-ów. To dla mnie wielki zaszczyt być waszym trenerem. Dziękuję wam, że pozwoliliście mi, abym was wspierał w dążeniu do celu i stawaniu się lepszą wersją siebie. Czy zdajecie sobie z tego sprawę, czy nie, uczę się od was tak samo, jak wy ode mnie. Jeszcze raz wam dziękuję, że pozwoliliście mi być swoim coachem.

Jestem wdzięczny wszystkim, którzy wspierali mnie w wypromowaniu tej książki. Wasza bezinteresowność i chęć odwdzięczenia się za to, co dał wam *Miracle Morning*, bardzo mnie wzruszyły. W pierwszej kolejności pragnę podziękować grupie marketingowej TMM – praca z wami przy reklamie książki była świetną zabawą. Jestem wam niezmiernie zobowiązany. Specjalne podziękowania kieruję do: Kyle'a Smitha, Isaaca Stegmana, Geri Azinger, Marca Ensigna, Colleen Elliot Linder, Dashamy, Marka Hartleya, Dave'a Powdersa. Jona Berghoffa, Jona Vromana, Jeremy'ego Katena, Ryana Whitena, Roberta Gonzalesa, Carey Smolenski, Ryana Caseya i Grega Strine'a.

Ostatnie słowa kieruję do ciebie, czytelniku: dziękuję ci, że pozwoliłeś mi być częścią swojego życia. Bądź ze mną w kontakcie na Facebooku, Twitterze i poprzez społeczność *Miracle Morning*. Opowiedz mi o swoich postępach i nie wahaj się prosić o pomoc lub wsparcie w jakiejś sprawie, która jest ci bliska. W porządku, a teraz przestań czytać i zacznij działać. Nigdy nie poprzestawaj na małym. Zbuduj dla siebie życie, na jakie zasługujesz, i pomagaj innym, aby zrobili to samo.

O autorze

Hal Elrod jest żywym dowodem na to, że każdy z nas może pokonać przeciwności losu i stworzyć dla siebie niezwykłe życie, o jakim marzy. W wieku 20 lat Hal zderzył się czołowo z pijanym kierowcą, przez 6 minut był w stanie śmierci klinicznej, miał 11 złamanych kości i trwałe uszkodzenie mózgu, a także dowiedział się, że pewnie nigdy nie będzie chodził. Wbrew diagnozom i pokusie bycia ofiarą, osiągnął wielki sukces w firmie, w której pracował i trafił do jej galerii znakomitości, został ultramaratończykiem, autorem bestsellerów, artystą hip-hopowym, mężem, ojcem i znanym mówcą motywacyjnym.

Hal poświęcił się, aby pokazać innym, jak pokonać wyzwania, które stawia przed nami życie, i w pełni zrealizować swój potencjał. Jego pierwszy bestseller *Taking Life Head On: How to Love the Life You Have While You Create the Life of Your Dreams* to jedna z najwyżej ocenianych i uznanych książek na Amazonie. (Przeczytaj kilka recenzji, a sam się przekonasz dlaczego).

Hal jest również jednym z najpopularniejszych mówców motywacyjnych w USA. Regularnie przemawia na imprezach korporacyjnych i charytatywnych oraz różnych konferencjach, lecz jego prawdziwą pasją jest wywieranie pozytywnego wpływu na młodych ludzi. W ciągu dekady wystąpień „Yo Pal" Hala wysłuchało go ponad 100 000 osób ze

Stanów Zjednoczonych i Kanady, z czego 60 000 stanowili uczniowie szkół średnich i studenci.

Hal wystąpił w licznych audycjach radiowych i programach telewizyjnych w całym kraju. Jest też cytowany w wielu książkach, np. *The Education of Millionaires, Cutting Edge Sales, Living College Life in the Front Row, The Author's Guide to Building an Online Platform, The 800-pounds Gorilla of Sales* oraz w bestsellerowej serii *Balsam dla duszy*.

Jeśli chcesz skontaktować się z Halem w sprawie wystąpienia w mediach, wygłoszenia mowy podczas jakiejś imprezy czy w szkole lub otrzymać gratisowe filmy i inne materiały, wejdź na jego stronę internetową www.YoPalHal.com.

Jeśli chcesz nawiązać kontakt z Halem na Twitterze, śledź go pod adresem @HalElrod, na Facebooku – www.Facebook,com/YoPal Hal lub poprzez społeczność *Miracle Morning* na stronie internetowej www.MyTMMCommunity.com.

FENOMEN 2 KROKÓW
Hal Elrod

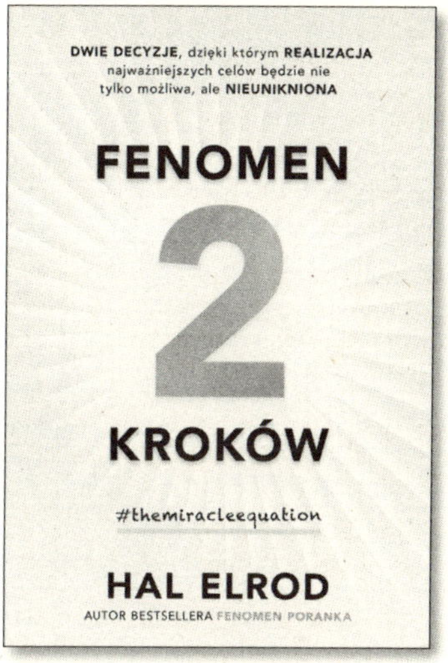

DWIE DECYZJE, dzięki którym REALIZACJA najważniejszych celów będzie nie tylko możliwa, ale NIEUNIKNIONA

Albert Einstein mawiał: „Wszystko należy upraszczać tak bardzo, jak tylko można, ale nie bardziej". Czytając *Fenomen 2 kroków*, miałem wrażenie, że Hal Elrod doprowadził tę zasadę do perfekcji. Autor proponuje prostą regułę, która ułatwi przechodzenie z poziomu „możliwe" na poziom „nieuniknione" i sprawi, że niezrealizowane marzenia staną się rzeczywistością.

Pierwszy krok to uwierzyć w swój plan, uwierzyć w sposób niezachwiany (optymiści nie będą mieli z tym problemu, pesymiści powinni przeczytać pierwszą książkę Elroda, *Fenomen poranka*, w której znajdą konkretną strategię działania).

Drugi krok to włożenie nadzwyczajnego wysiłku w realizację tego planu poprzez wytrwałość i konsekwencję.

Jesteś gotów postawić te DWA KROKI? Jeżeli tak, to książka, którą trzymasz w ręce, będzie najlepszym kompanem na twojej nowej drodze.

Fryderyk Karzełek, twórca klubu 555,
codziennie inspiruje tysiące Polaków do zmiany życia
poprzez zmianę nawyków

Jeżeli masz wrażenie, że życie wymyka ci się spod kontroli i płyniesz z nurtem zdarzeń w nieznanym kierunku, koniecznie przeczytaj tę książkę. Dzięki niej przypomniałem sobie, że dobrze zaplanowany cel, poczucie misji i odpowiednie budowanie przekonań pomagają w realizowaniu nawet najśmielszych marzeń.

Hal Elrod przedstawia zbiór narzędzi oraz postaw, które każdemu pozwolą wypracować własny przepis na udane życie. Zasadę pięciu minut natychmiast włączyłem do swojego zasobu narzędzi i wszystkim serdecznie ją polecam!

Artur Mydlarz, ekspert od ciągłego doskonalenia
i zarządzania jakością, www.inzynierjakosci.pl

ATOMOWE NAWYKI
James Clear

Atomowe nawyki to sprawdzona i poparta naukowymi dowodami metoda kształtowania dobrych przyzwyczajeń i wyzbywania się złych nawyków.

Książka Jamesa Cleara idealnie odzwierciedla ludzkie zachowania. Autor pokazuje, jak tworzą się nawyki i jak nimi sterować. Tajemnica osiągania trwałych rezultatów polega na stosowaniu świadomych strategii kształtujących wybrane przyzwyczajenia, zgodne z tym, kim chcemy być. Z całego serca zachęcam do przeczytania!

Jakub B. Bączek, trener mentalny

W programie Akademii Psychologii Przywództwa rozwijamy paradoksalne podejście do zmiany: mikrokorekty – makroefekty. Poszukujemy zarówno na poziomie organizacji, zespołów, jak i w zarządzaniu sobą takich nawyków, których korekta może pociągnąć za sobą lawinę zmian. Ta świetna książka wpisuje się w ten nurt i dlatego gorąco ją polecam.

Jacek Santorski, założyciel Akademii Psychologii Przywództwa, autor bestsellerowej książki Dobre życie

Praktyczna. Inspirująca. Motywująca. Książka Jamesa Cleara to błyskotliwie napisany, wsparty teorią behawioryzmu poradnik prezentujący skuteczne podejście do budowania nawyków. Ta fascynująca lektura pozwala zrozumieć mechanizmy kierujące naszym codziennym zachowaniem. Na kanwie inspirujących przykładów James Clear pokazuje, jak drobne nawyki decydują o naszym życiu – często wiele lat później. Fenomenalna książka o tym, jak odnieść sukces metodą małych kroków.

Ewa Szmidt-Belcarz, CEO Grupy Empik

REGUŁA 5 SEKUND
Mel Robbins

Jak w ciągu 5 sekund przełamać nawyk odkładania spraw na później? Tajemnica nie tkwi w wiedzy, co zrobić, ale w tym, jak się do tego przełamać.

Lektura tej książki może być inspirująca dla każdego z nas, kto jest otwarty na poszukiwanie prostych zasad i mikrokorekt, które mogą przynieść makroefekty, oraz wskazówek dotyczących pracy nad swoim nastawieniem w relacjach osobistych, zawodowych i biznesie tak, aby motywację przekształcać w determinację.

Jacek Santorski

„Wszystko, co wykracza poza rutynę, wymaga wysiłku" – mawia Mel Robbins. W swojej dziennikarskiej pracy poznałam dziesiątki osób pełnych pasji i marzeń oraz ludzi sukcesu. Myślę, że większość z nich zupełnie intuicyjnie stosowała regułę 5 sekund. Podejmowali decyzje i dokonywali życiowych wyborów, zanim ich umysły przestawiały się na autopilota albo ktoś storpedował ich plany. Sprawdź, czy należysz do takich osób – przeczytaj książkę *Reguła 5 sekund*. Ja to zrobiłam.

Marzena Chełminiak, felietonistka magazynu „SENS", dziennikarka w Radiu ZET, coach

PROJEKT: PRODUKTYWNOŚĆ
Chris Bailey

Świeże, osobiste i zabawne spojrzenie na temat, który dotyczy nas wszystkich. Chris Bailey poświęcił rok na poznanie zjawiska produktywności. Najpierw prześledził dostępne metody zwiększające produktywność i zapoznał się z wynikami setek badań, a potem sprawdził każdą technikę w praktyce. Jego zdaniem ludzie produktywni... pracują inteligentniej, a nie więcej i ciężej niż inni. Możesz to osiągnąć dzięki lepszemu wykorzystywaniu czasu, większej uważności i mądremu gospodarowaniu energią życiową.

Projekt: produktywność pomoże ci rozwinąć te trzy istotne umiejętności, ponieważ na końcu każdego rozdziału Bailey proponuje praktyczne ćwiczenia. Ja już zaczęłam z nich korzystać, bo – jak twierdzi autor – „podstawą produktywności jest umiejętność dokonywania przeskoku między wiedzą a działaniem". Polecam tę lekturę wszystkim, którzy nie tylko chcą być bardziej produktywni, ale pragną też rozwijać ogólną świadomość biznesową. Po co? Aby spokojnie żyć i pracować.

Lilianna Kupaj, bizneswoman, Ambasadorka Przedsiębiorczości Kobiet, autorka, trener, coach

UPÓR
Angela Duckworth

Psycholog Angela Duckworth pokazuje rodzicom, studentom, pedagogom, sportowcom i ludziom biznesu, że tajemnicą wyjątkowych osiągnięć nie jest talent, ale szczególne połączenie pasji i wytrwałości, które autorka nazywa uporem. W tej ujmująco osobistej i przełomowej książce opowiada o tym, co dzieje się w naszych głowach, gdy ponosimy porażki i dlaczego właśnie to – a nie talent czy szczęście – ma decydujące znaczenie.

Zaangażowanie, z którego wyrasta pasja, sprawia, że ludzie stają się aktywni i uwalniają swój potencjał. Gorliwość oraz determinacja, podsycane entuzjazmem, wyzwalają energię, która pozwala przenosić góry. Ta książka potwierdza, że każdy z nas może zmieniać świat na lepsze.

Sławomir Lachowski, twórca mBanku, innowator

Upór stanowi przekonującą i fascynującą odpowiedź na kult intelektualnego dogmatyzmu. Duckworth przypomina, że ludzie sukcesu wyróżniają się charakterem i wytrwałością.

Malcolm Gladwell, autor książek Punkt przełomowy, Błysk! Potęga przeczucia *i* Poza schematem

NAWYK OSIĄGANIA
Bernard Roth

Bernie Roth, współzałożyciel instytutu d.school na Uniwersytecie Stanforda, pokazuje, jak potęga myślenia projektowego może pomóc w realizacji pozornie nieosiągalnych celów.

Wiele lat zajęło mi odnalezienie swojej zawodowej ścieżki. Krążyłam, gubiłam trop, zadając sobie wciąż to samo pytanie – co mogłabym robić, by poczuć, że moje życie jest pełniejsze? O ileż byłoby mi łatwiej, gdybym miała pod ręką książkę Bernarda Rotha! *Nawyk osiągania* pomaga zrozumieć, co powstrzymuje nas przed osiągnięciem celu. Roth podpowiada, jak ominąć przeszkody i zrozumieć własne motywacje. Ta książka jest jak kompas, który pozwala odnaleźć właściwy kurs. Dzięki niej zyskasz narzędzia i odwagę, by zawinąć do wybranego przez siebie portu.

Dagny Kurdanowska, dziennikarka, autorka, redaktor prowadząca portalu Sukces Pisany Szminką

A DA SIĘ!
Daniel Chidiac

Jeśli nadal chcesz bezczynnie czekać, aż radość z życia i spełnienie spadną ci z nieba – nie czytaj tej książki! Jeżeli jednak chcesz przejąć kontrolę nad swoim życiem, zrealizować konkretne cele, być zdrowym i czerpać z każdego dnia garściami – natychmiast sięgnij po *A da się!*, międzynardowy bestseller, który zmienił życie milionów osób. To nie jest czcze gadanie nafaszerowane modnymi, pustymi sloganami typu „możesz wszystko!". Znajdziesz tu gotowy przepis na diametralną poprawę jakości życia w każdym jego aspekcie. Masz przed sobą 7 konkretnych kroków. W ich przejściu pomoże ci sam autor, przez lata borykający się z problemem toksycznego związku i wypalenia zawodowego. Droga, którą szczegółowo opisuje, jest nie tylko fascynująca, lecz sprawia także, iż chcesz działać już! Natychmiast! Tę książkę przeczytasz raz, drugi, trzeci, podarujesz bliskim, zajmie honorowe miejsce na nocnym stoliku, byś w każdej chwili mógł się zmotywować.

Jej lektura przypomina pogawędkę z najlepszym, znającym twoje słabości, kumplem. Bez wątpienia jest to najważniejsza pozycja z dziedziny psychologii i coachingu, jaką przeczytałam. Znajdziesz w niej porady na wagę złota, płynące z doświadczenia, sto procent szczerości i zero nadęcia. To najlepsza inwestycja w siebie.

Małgorzata Tinc, ladymargot.pl, @ladymargotpl

POTĘGA TERAŹNIEJSZOŚCI
Eckhart Tolle

Przez dwa lata mały człowiek przesiadywał na ławce w parku. Ludzie mijali go, pogrążeni we własnych myślach. Pewnego dnia ktoś zadał mu pytanie. W następnych tygodniach coraz więcej ludzi przychodziło i stawiało mu pytania. Po pewnym czasie rozniosła się wieść, że ten człowiek jest kimś niezwykłym, kimś, kto odkrył coś, co sprawia, że życie nabiera sensu, staje się pełnią. Ta historia wydarzyła się naprawdę, a jej bohater nazywa się Eckhart Tolle.

To mądra, serdecznie i uczciwie napisana książka. Książka dla ludzi poszukujących odpowiedzi na najważniejsze z dręczących nas pytań i wątpliwości. Autor ze znawstwem i cierpliwością najpierw zachęca do wyruszenia w drogę, a potem prowadzi nią czytelnika na spotkanie z nim samym. I o dziwo, ta droga wcale nie wydaje się trudna. I nikogo nie wyklucza. Iść nią może każdy. Nigdy nie dość takich książek.

Wojciech Eichelberger

UWAŻNE RODZICIELSTWO
Susan Stiffelman

Biblioteka Eckharta Tolle

Jasna, mądra, uduchowiona i poetycka.

Alanis Morissette

Susan Stiffelman pokazuje rodzicom, jak przekształcić rodzicielstwo w praktykę duchową.

Eckhart Tolle, autor książki Potęga teraźniejszości

Susan Stiffelman zaprasza nas do spojrzenia na rodzicielstwo z nieco innej perspektywy, niż przyjęło się to w naszej kulturze. Zachęca, abyśmy potraktowali je jako okazję do rozwoju i pogłębienia naszej samoświadomości. Sama będąc mamą, mam poczucie, że nie istnieje lepszy nauczyciel uważności niż moje własne dziecko – jednocześnie piękne i doskonałe, ale też tak bardzo potrzebujące rodziców jako przewodników po tym świecie. Otwierając serce i umysł na doświadczenie relacji z dzieckiem, przepełnionej zrodzoną ze zrozumienia akceptacją, wkraczamy na drogę głębokiej przemiany i bliskości, budującej mosty ponad wszelkimi trudnościami.

Joanna Bylinka-Stoch, psycholożka
specjalizująca się w temacie rozwoju człowieka

Jedna z najlepszych książek wspomagających nas w wychowywaniu dzieci! Prawdziwa, szczera, mądra i napisana z miłością zarówno do dzieci, jak i ich rodziców.

Joanna Delbar, redaktor naczelna zarzadzaniestresem.pl

ZABAWA W UWAŻNOŚĆ
Susan Kaiser Greenland

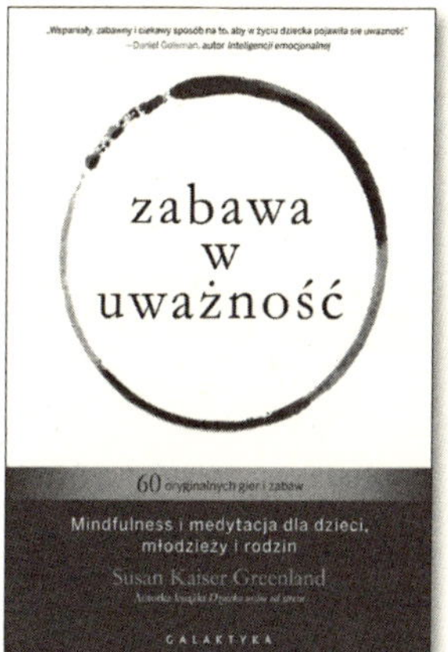

Nawet najbardziej zaopiekowane dzieci często zostają same ze swoimi przeżyciami, bo my dorośli nie umiemy z nimi rozmawiać o uczuciach. *Zabawa w uważność* uświadamia, że rozwój emocjonalny i społeczny dzieci można i warto wspierać, a co najważniejsze – pokazuje, jak to robić. Nawet jeśli przeprowadzenie poszczególnych ćwiczeń okaże się zbyt trudne, to już sama ich znajomość może zainspirować do pomagania dzieciom w radzeniu sobie z emocjami i konfliktami – zamiast wszechobecnego karania i nagradzania.

Hanna Samson, psycholożka i pisarka

13 RZECZY, KTÓRYCH NIE ROBIĄ SILNI PSYCHICZNIE LUDZIE

Amy Morin

Każdy chce być szczęśliwy, zdrowy, mieć lepsze relacje z innymi, dobrą pracę i czas na odpoczynek. Warunkiem osiągnięcia tego dobrostanu jest silna psychika. To dzięki niej idziemy przez życie bez projekcji, dokonujemy właściwych wyborów i jesteśmy pełni radości.

Jak być silnym i odpornym psychicznie? Według Amy Morin wystarczy nie robić zaledwie 13 rzeczy. Wydaje się to banalnie proste, a jednak uwarunkowany umysł łatwo nie odpuszcza. Autorka przychodzi czytelnikowi z pomocą, przedstawiając doskonale dobrane przykłady ludzkich zachowań, analizując je i podając bardzo konkretne recepty. Posługuje się przy tym żywym językiem, dzięki czemu książkę czyta się z przyjemnością.

Umysł trzeba ćwiczyć codziennie. Podobnie jak rezygnacja z treningów na siłowni kończy się spadkiem formy, tak odpuszczanie sobie w kwestii pracy nad psychiką prowadzi do powrotu starych nawyków. Ten niezwykły poradnik ułatwi ci trenowanie umysłu, a w konsekwencji trwałą zmianę nawykowego myślenia i zachowania

Joanna Delbar, redaktor naczelna zarzadzaniestresem.pl